KB191234

나는 넘어지고, 싸우고, 울었다

나는
넘어지고,
싸우고,
울었다

한 지식인의 생생한
사회 현장 체험기

사이토 고헤이 지음
조승미 옮김

오월의봄

이미 도래한 미래를 찾는 현장 탐방기

조형근(동네 사회학자)

1868년 4월 초의 어느 날이었다. 마르크스의 딸 예니가 엥겔스에게 이것저것 물으며 행복이 뭐라고 생각하는지 물었다. 엥겔스의 대답은 간결했다. 샤토 마고 1848년산! 최고급 와인을 즐기는 사회주의 혁명가라니 이 무슨 부조리함인가? 엥겔스까지 갈 것도 없다. 진보를 자처하는 지식인, 상위 중산층이 실제의 삶에서 특권층으로 살아가는 일은 너무 흔해서 문제 삼기조차 머쓱해질 때가 많다.

이 부조리함의 반대편 극단에 중국의 문화대혁명이나 캄보디아의 크메르 루주 같은 이들이 있다. 이들은 앎과 삶이 때로 모순될 수 있다는 사실을 받아들이지 못했다. 앎과 삶은 무조건, 완전히 일치해야 했다. 이윽고 그들은 지식분자들의 위선과 관념성을 증오하며 혁명적 개조에 나섰다. 이들을 연고 없는 농촌으로 하방시켜 육체노동을 강제했고 가두고 심지어 죽였다. 그리고 스스로 파괴됐다.

앎과 삶 사이의 관계는 단순하지 않다. 아는 대로 살아야 한다는 당위와, 사는 대로 생각하게 된다는 경고 사이에서 우리는 늘 방황한다. 아는 대로 살기를 지향하되, 삶은 늘 우리의 앎보다 풍부하다는 사실도 인정해야 한다. 자본주의 속에서 자본주의와 더불어 살면서, 동시에 자본주의를 비판하고 넘어서려 할 때 우리는 이 모순과 부조리, 거기서 발생하는 긴장에서 벗어날 수 없다. 중요한 것은 이 복잡성을 인식하고 자기 삶 속으로 끌어들이는 것이다.

사이토 고헤이의 이 책에서 우리는 지식인이 이 긴장을 외면하지 않으며 책임을 다하는 현장을 목격한다. 마르크스주의 철학을 전공한 사상가로서 그의 일차적 현장은 철학적 사유와 문헌들 한가운데에 있겠지만, 동시에 그의 현장은 일본 사회 곳곳에서 일하고 돌보며 살아가는 생활인들의 구체적 삶의 터전으로 뻗어나간다. 우버이츠 배달이나 재택근무에서부터 '유해동물' 사냥 현장, 기능실습생(이주노동자), 노숙인, 부락민, 후쿠시마 지역주민, 아이누인에 대한 차별 현장, 기후 부정의에 맞서는 학생 파업, 지역의 자원 공유와 플라스틱 프리 운동 등 대안 운동의 현장에 이르기까지 그가 찾아가는 곳은 참으로 다양하다.

이 현장들 속에서 그가 무언가를 배우는 데는 어떤 패턴이 있는 듯하다. 무언가 아름답고 좋은 명분이 있어서 찾아가지만,

현장에서 한 발 더 가까이 가보면 실상은 대개 명분과 어긋나고 때로는 모순이 드러나기도 한다. 이를테면 옷의 재활용을 통해 낭비를 줄이자는 에코 패션 운동은 옷 낭비를 줄이기는커녕 선진국의 쓰레기를 가난한 나라로 떠넘기는 수출 행위에 불과하다. 윤리적 소비는 손쉽게 이뤄지지 않는다. 자본주의 자체에 대한 고민과 대안적 상상 없이는 윤리적 소비조차 용이하지 않다. 가볍고 쉬워 보이던 문제의식이 현장에서 더욱 복잡한 현실과 조우하면서 갈수록 깊어진다.

처음에는 가벼운 현장 탐방기 정도로 느껴지던 에피소드들이 뒤로 갈수록 점차 진중해지고, 꽤 긴 저자의 '후기'에 이르면 깊은 자기 성찰과 만나게 된다. 남성, 도쿄 출신, 고학력의 도쿄대 준교수라는 자신의 특권적 위치에서 타인의 입장에 대해 공감하고 상상한다는 것이 어떤 의미일지 세심하게 따지고 되묻는 한 명의 지식인과 만나게 된다.

이 만남 속에서 긴장을 안은 채 그 속을 통과하는 저자의 균형 감각이 돋보인다. 현장에 한 번 가보았다는 사실 따위로는 결코 면제되지 않을 현실의 계급적 위계를 직시하면서도, '진정한 당사자'만 발언할 수 있다는 당사자주의가 어떻게 겸손의 가상 아래 서로를 고립시키는지도 경계하는 것이다. 사이토 고헤이는 이를 "누구나 가해자이면서 피해자이기도 하다"는 의미에서 '공사자성共事者性'이라고 부른다. 가해자이자 피해자로서 우리가 서로 깊이 연결되어 있다는 감각이다. 나는 이를 '연루됨의 윤리'라는 말로 표현한 적이 있는데(《콰이강의 다리 위에 조선인이 있었네》), 저자의 공사자성은 연루됨의 윤리보다 훨씬 현재적이고 생생하다.

배웠다는 사람들은 고민이 많아서인지 늘 원인을 찾고 대안을 고민한다. 좋은 일이지만 회의나 절망에 빠지는 일도 흔하다. 모두 필요하고 좋은 일이지만 더 중요한 건 태도다. 저자는 "아직 없는 것을 바라기보다는 있는 것을 찾으라"는 메시지를 우리에게 던진다. 우리는 서로 연루되어 있고, 대안은 여기 있으며, 미래는 이미 도래해 있다. 이 책은 그렇게 도래한 미래 중 하나다.

일러두기

1. 본문의 대괄호([ ])는 옮긴이가 내용을 덧붙인 것이다.
2. 본문의 각주(*) 중 저자가 붙인 것은 '저자 주'로, 옮긴이가 붙인 것은 '-옮긴이'라고 표기해놓았다.
3. 본문에 언급된 책 중 한국어판이 있는 경우 한국어판 제목을 따랐다.

"학자는 현장을 모른다." "실천 없는 탁상공론이다." SNS
에서 이런 말을 자주 보게 된다. "보게 된다"고 마치 남 일처
럼 말했지만, 실은 자본주의의 대변혁을 외치는 나도 자주
그런 비판을 받곤 한다. 그런 말을 들으면 조금 서글픈 심정
이다.

'탈성장' '코뮤니즘' '혁명'…… '기후위기를 마주한 선진
국에 사는 우리의 책임'과 같은 의견은 당신만의 생각이라
고 반문한다면, 분명 그럴지도 모르겠다. 세상은 좀 더 복잡
하고, 삶의 고통과 어려움도 각자 다르다. '자본주의의 극복'
이라는 거대 담론은 심히 단순해서, 그런 대의 아래에서는
한 사람 한 사람의 작지만 중요한 문제가 보이지 않게 된다
고 말하고 싶은 마음도 이해한다.

한편 좀 다른 감상을 전해준 이들도 있다. "지금까지 내가 현장에서 해온 일을 언어화해줬다"라거나 "문제의 근본 원인을 알았다"는 것이다. 즉 제각기 다른 실천, 잘 언어화할 수 없던 불편함 등이 이론에 따라 정리되어 좀 더 큰 시점에서 의미를 부여할 수 있게 됐다는 것이다. 이런 감상을 들으면 나도 모르게 흐뭇해진다.

하지만 냉정하게 생각해본다. 내가 하는 연구는 실제로 뭔가를 프로그래밍하거나 설계해 구현하는 건 아니니, 추상적인 이론을 내세워 자기만족에 그치지 않도록 충분히 신경 써야 한다고 말이다.

이론의 중요성을 믿고 이론과 실천은 대립하지 않는다고 생각하기 때문에 나는 실천에서 더 많이 배워야 한다. 그러니까 '학자는 현장을 모른다'는 인상을 줬다고 한다면, 나는 좀 더 현장에서 배워야 할 필요가 있는 것이다. 사실 "현장에 가라"는 말은 존경하는 환경경제학자 미야모토 겐이치宮本憲一 선생님에게서 들은 조언이기도 했다.

그런 뜻에서 2년을 들여 일본 각지의 현장에 가서 공부하기로 했다. 물론 이것으로 충분하다는 얘기는 아니다. 방문한 현장에서 배울 수 있는 점도 실제 현장의 풍부한 대응이나 문제의 심각함에 비한다면, 틀림없이 표면만 본 것일지도 모른다. 그래도 지난 2년간 많은 이를 만나 각지의 현장을 보고 배운 것을 나 혼자 독차지하기에는 너무 아까웠다. 그래서 그 일부를 하나의 기록으로 남기기 위해 책 한 권으로 정리했다.

왜 아까웠느냐면, 사회가 좀처럼 좋은 방향으로 바뀌지 않는다고 우리가 한탄하기 쉽다는 것을 잘 알기 때문이다. 하지만 현장에 가보면 다양한 가능성이 있다는 것을 알수 있다. 일본 전국에서 새로운 미래를 위한 싹이 트고 있다는 점을 깨달을 수 있다. 그래서 모두가 더 자유롭게 그 싹을 찾아내서 키워보면 되지 않을까 하고 진심으로 생각한다. 이렇게 깨닫게 된 계기는 미나마타 취재에서 만난 요시모토 데쓰로 씨가 "아직 없는 것을 바라기보다는 있는 것을 찾으라"고 말해준 덕분이다.

지난 2년간 배우고 경험한 것을 발판 삼아 나도 새로운 실천을 시작하려 한다. 이 책을 다 읽을 즈음, 독자 여러분도 미래의 가능성을 찾고 행동하고 싶은 마음이 일기를 바란다.

차례

제1장 오로지 성장을 향해서만 달리는 사회

제 1 장

오로지
성장을 향해서만
달리는 사회

우버이츠 배달을 해봤다
자유와 자기책임

누구나 틈틈이

"아, 우버이츠다!" "멋지다, 나도 해보고 싶다." 집을 나서자마자 초중등학생들이 등에 멘 커다란 가방을 보고 떠드는 소리가 들렸다. 아이들 사이에서는 유튜버처럼 동경하는 직업이 된 걸까? 집을 나서기 전에는 눈에 띄는 큰 상자를 짊어지는 게 좀 민망했지만, 의욕이 생긴다.

이제는 일본에서 완전히 자리 잡은 듯한 우버이츠Uber Eats는 앱을 사용해서 음식점에 요리를 주문하고 배달받을 수 있는 서비스다. 단 배달은 음식점 직원이 아닌 일반인이 한다. 앱을 이용해 우버가 제공하는 플랫폼상에서 주문하고 배달한다. 이른바 공유경제Sharing Economy, 일본식 줄임말로는 '셰어 에코ㄱェアェコ'다.

공유경제는 업체를 통하지 않고 서비스 이용자끼리 교류해 서로 빈 시간이나 사용하지 않는 물건을 공유함으로써 저렴하고 효율적인 서비스를 실현한다고 한다.

2011년 미국 샌프란시스코에서 서비스 제공을 시작한 우버는 차량 공유 서비스를 제공하며 급성장해 택시 업계를 위협하고 있다. 일본에서 우버의 차량 공유 서비스는 아직 해금되지 않았으나, 음식 배달 서비스를 시작해 화제가 되고 있다.

음식점은 우버이츠 덕분에 새로운 고객을 얻을 기회가 생겼고, 주문하는 이는 지금까지 배달하지 않던 가게에 나가기 귀찮을 때 간편하게 주문할 수 있다. 배달하는 사람도 빈 시간에 운동 삼아 돈을 벌 수 있다. 한 달에 100만 엔을 버는 사람도 있는 것 같다. 우버 쪽에는 수수료가 들어온다. 그야말로 윈윈이다.

나는 10대 때부터 계속 펑크나 하드코어 장르 음악을 듣거나 연주했는데, 대학 시절 하라주쿠에 있는 펑크 뮤지션 옷가게 JIMSINN에 진열된 10만 엔짜리 가죽 재킷이 갖고 싶어서 건설 회사에서 일용직 아르바이트를 한 적이 있다. 당시 미국에서 잠깐 귀국했던 터라 일할 수 있는 데가 일용직밖에 없었다. 일용직 아르바이트는 당일 급한 결원이 생길 때 대신하게 되는데, 이 때문에 아침 6시부터 도쿄 고탄다 사무실에 나가서 대기하고 있어야 했다. 기껏 일찍 일어나서 나갔는데 결원이 생기지 않는 날에는 2000엔만 받고 돌아온 적도 있다. 일을 하게 되더라도 현장 작업에 익숙하지 않은 탓에 호통이 떨어지기도 해서 힘들었던 기억이 난다.

그에 비하면 우버이츠 배달은 너무나 편한 일이다. 사전 교육만 받으면 자기가 원하는 시간에 일할 수 있다. 아침 일찍 일어나지 않아도 되고, 날씨가 좋지 않아 갑자기 배달 스케줄을 변경한대도 누가 뭐라 꾸중할 일이 없다. 무엇보다 잔소리하는 감독자나 파견직을 무시하는 정규직도 없다.

취재 당일은 오전 10시 넘어 오사카 시내에 있는 집을 나와서, 번화가인 덴노지天王寺까지 자전거로 이동해 바쁜 점심때 배달 수요를 노렸다. 배달이 몰리는 지역이나 시간대에는 앱상에서 '부스트boost'라는 현상이 발생하는데, 그때는 배달 요금이 할증되기 때문이다.

공원에서 앱을 켜두고 '첫 출근!'이라고 SNS로 친구와 대화하며 몇 분 기다리니 휴대폰이 울린다. 첫 배달 요청이다. 음식을 픽업할 장소는 역 맞은편에 있는 맥도널드다. 가는 길은 구글맵이 알려준다. 가게에 도착하니 음식이 벌써 나와 있어서 가방에 넣기만 하면 됐다.

그러자 어느 집으로 배달을 갈지 스마트폰에 안내가 떴다. 좀 긴장이 된다. "늦었잖아요. 감자튀김 다 식었네"라고 하면 어쩌나 하는 생각에 서둘러 자전거 바퀴를 굴려서 배달지인 아파트 근처에 도착했는데, 막상 어떤 건물인지 모르겠다. 구글맵과 우버이츠 앱 사이에 오차가 생긴 탓에 순조롭던 상황이 헤매는 지경이 되고 말았다. 순식간에 건물과 그 입구를 필사적으로 찾다가 통한의 몇 분 손실이 발생했다.

겨우 건물을 찾아 엘리베이터를 타고 7층에 올라가 벨을 눌렀다. "늦었다"는 소리를 들을까봐 긴장했다. 그런데 문을 반쯤 열고 나온 사람은 얼굴이 잘 보이지 않는 상태에서 손만 내민다. 나는 "우버이츠입니다, 감사합니다"라고 말했지만, 배달 음식을 건네자마자 말없이 문이 닫혔다.

현금을 주고받지 않고, 사인도 하지 않는다. 편리하기도 하거니와 코로나 사태의 감염 대책으로도 좋은 방법이라 생각하지만 일시적이다. 배달 대금은 그날의 주문 상황, 날씨, 음식점이 붐비는 정도에 따라 달라지는데, 이때 앱에 표시된 것은 355엔이었다.

첫 배달은 긴장했지만, 익숙해지면 손님과 마주할 일도 없어서 마치 사이클링을 하는 기분이다. 휴식하거나 SNS를 보고 있어도 아무 문제가 없다. 게다가 상황이 좋을 때는 배달 도중에 다음 배달 요청이 들어온다. 그게 수백 미터 거리 이내 배달이라면 순식간에 배달료를 추가로 받게 된다. 하지만 만약 원거리 배달이라면, 번화가에서 멀어지게 되니 다음 배달 건이 좀처럼 들어오지 않는다. 결국 이날 난 네 시간 동안 9건을 배달해 총 3750엔을 벌었다. 주문 건수에 변동이 있어서 수입이 안정적이지 않다는 점을 생각하면, 별로 좋지 못한 벌이였다.

외로움, 저임금, 왠지 모를 허무함

배달 기사들도 노동조건 개선을 요구하며 나서기 시작했다. 2019년 노동조합 우버이츠유니온을 결성한 것이다. 설립 초기 멤버이자 대학원생인 고다마 하루키兒玉陽基 씨는 지난 1년여 동안 주문이 몰릴 때 할증 비율과 배달 거리에 따라 가산되는 요금이 배달 기사 동의 없이 삭감되었다고 말한다.[*]

우버의 힘이 압도적으로 강하다. 왜냐하면 우리는 우버

---

[*]   저자 주. 우버 측은 나의 취재에 "수수료 인하 등으로 인해 [배달 기사가 받는] 보수에는 영향이 없을 것이라 본다"고 설명했다.

의 플랫폼상에서만 일거리를 얻을 수 있기 때문이다. "마음에 들지 않으면 떠나라. 자전거로 배달할 노동자는 얼마든지 있다"는 얘기를 듣고 있는 듯한 기분이다. 노조는 우버의 일본 법인 '우버저팬'에 단체교섭을 요구했지만, "배달 기사는 개인사업자라서, 직접적 고용관계가 존재하지 않는다"라거나 "계약처인 네덜란드에 있는 우버 관계사[우버 유럽 본사]에 말하라"며 거부당했다고 한다.

이러한 문제는 우버만의 이야기가 아니다. 정해진 회사에서 일하는 것이 아니라 온라인에서 그때그때 발생하게 된 일을 맡아 하는 노동형태를 '긱 워크gig work'(gig은 라이브 홀에서 딱 한 번 하는 연주를 뜻하는 속어)라고 하는데, 최저임금이나 초과근로수당, 산재보험과 같은 보상을 받지 못하는 노동형태가 확산되고 있는 것이다. 임금이 낮아지면, 최대한 많은 양의 일을 처리하려고 조급해지는데, 신호위반이나 과속등 위험한 운전으로 사고가 늘어날 수 있다. 아마존의 배달기사들은 코로나 사태 속에서 고열에 시달릴 때도 배달해야 했다고 한다. 그런데도 결국 [업무상] 모든 책임은 본인, 배달기사에게 있다. 직함은 훌륭한 '개인사업자'이지만, 실제 처우는 파견노동자 이하일 수도 있다.

더욱이 창조성을 발휘할 여지는 거의 없다. 배달 기사가 앱의 지시대로 따라가고 있는 동안은 사이클링하는 기분이라고 말하지만, 뒤집어 생각하면 이는 무심코 스마트폰의 지시를 따르는 것일 뿐이다. '누구나' '시간 날 때' 할 수 있는 일은 저임금이다. 그 이상의 보람이 있다면 좋을지도 모른다. 돈벌이가 아닌, 사람 사이의 연결이 공유경제의 묘미일 테니까. 하지만 타인과 대면하는 시간은 찰나에 불과하고, '수고하네요, 고마워요'라는 말도 없다. 아무것도 공유하지 않는 것이다. '긱 워크'는 AI나 로봇에 맡기면 비용이 너무 많이 드는 작업을 사람이 대신 메꾸고 있는 것 같아서 허무함이 남는다.

일용직 건설 현장에서 일하던 때는 온종일 함께 긴자에 있는 에르메스 건물의 타일을 열심히 닦은 후 "넌 젊으니까 더 좋은 일을 소개해주겠다"며 전화를 걸어주는 '동료'도 있었다. 우버 앱에는 더 많은 사람이 연결되어 있을 텐데, 실제로는 늘 혼자였다. 노조 활동을 확대하기 어려운 이유도 거기에 있다고 앞서 언급한 고마다 하루키 씨가 말했다.

마지막 배달은 덴노지의 한국요리 음식점에서 신사이바시까지 배달하게 됐는데, 집에서도 1킬로미터 이상 떨어진 곳이었다. 날이 저물어 집에 돌아가려고 서두르다가, 자전거 앞바퀴가 인도 턱에 걸려 요란하게 넘어지고 말았다. 속도를 꽤 내고 있었기 때문에 휴대폰도, 가방도, 나 자신까지도 휘날리듯 나가떨어졌다. 앞에서 걷던 초등학생 일행

셋이 "괜찮아요?"라고 묻기를 몇 차례. 배달 중이 아니어서 다행이라고 안도한 것도 한순간. 몸이 아프다. 내 부주의이긴 했지만 손목을 삐고 허벅지에 타박상을 입었다. 이렇게 해서 나는 아무런 피해 보상 체계가 없다는 것이 얼마나 무서운 일인지 실감하게 되었다.

하지만 무엇보다도 걱정스러운 것은 자전거를 밀며 터벅터벅 돌아선 나를 보고서 초등학생들이 우버이츠에 대해 갖고 있던 이미지가 크게 떨어지지 않았을까 하는 점이다.

재택근무 어떤가요

검토하라, 중요한 '쓸데없음'

불필요한 일 없애고 생산성 높인다

"세상에는 쓸데없는 회의, 그 회의를 위한 쓸데없는 일정 조정, 쓸데없는 출장, 또 의례적 관습에 따라 정성 들여 만든 쓸데없는 프레젠테이션 자료가 넘쳐난다." 이렇게 갈파하는 이는 이번에 연락을 한 철학자 친구 주희철朱喜哲이다. 그저 철학자가 아니다. 광고대행사 덴쓰電通의 기획자라는, 숨은(내걸어둔?) 얼굴을 가진 다재다능한 남자다.

효율성을 최우선시해야 할 자본주의 경제에 쓸데없는 것들이 만연해 있다. 이 기묘한 불합리성에 대한 지적은 데이비드 그레이버David Graeber라는 아나키스트 인류학자의 세계적인 베스트셀러 《불쉿 잡》과 궤를 같이한다. 그레이버에 따르면, 세상에는 일을 하는 당사자에게조차 무의미하고, 이 사회에서 사라져도 상관없다고 느끼는 고임금 일자리가 산더미처럼 쌓여 있다고 한다. 그리고 그레이버가 그런 '불쉿 잡'(무의미한 일)으로 꼽는 대표적인 예가 컨설턴트와 광고업이다.

그런데 주희철은 이번 코로나19 사태를 계기로 덴쓰사에 도입된 '재택근무 혁신'에 대해 이렇게 강조한다. "재택근무가 줄여준 것이 바로 쓸데없는 일이다. 그 결과 오히려 생산성이 높아졌다." 이른 아침 6시부터 업무 시작(너무 이르다). 낮에는 화상회의 서비스를 이용해 고객사와 미팅 등으로 시간을 쓰고, 틈틈이 집안일을 한다. 늦어도 19시에는 일을 마치고 가족과 함께 저녁식사. 21시쯤 아들과 함께 목욕한다. 코로나 사태 록다운[봉쇄]으로 인해 광고 업계도 타격을 입었는데, 칠전팔기하겠다는 듯 '불쉿 잡'을 극복하고 워라밸을 실현한 덴쓰, 역시 대단하다.

일하는 방식을 이토록 순조롭게 개혁하다니 내 일터인 대학과는 하늘과 땅 차이다. 대학 교원들은 코로나 사태 당시 재택근무 대응에 매일 골머리를 앓았고, 현장은 대혼란에 빠졌다. 그리고 그 대처를 위한 쓸데없는 회의가 점점 늘어났다.

격리에 대한 스트레스 내성이 본래 강한 부류에는 인문

계 연구자가 들어갈 것으로 생각한다. 집에 틀어박혀서 하고 싶은 연구에 집중할 수 있기 때문이다. 나만 해도 이 기사 취재를 하면서 폼나게 셔츠를 입고 있지만, 평소 연구에 집중할 수 있는 날에는 옷도 갈아입지 않고 아침부터 밤까지 죽 책상 앞에 앉아 있는 것이 이상적이다. 그것이 행복이라고 할 연구자들도 적지 않을 것이다.

하지만 현실은 그리 만만하지 않다. 아직 손이 많이 가는 두 아이가 있기 때문이다. 실제로 이 글 역시 6개월 된 딸을 어르며 거실 구석에 놓인 책상에서 쓰고 있다. 옆 소파에서는 세 살짜리 아들이 애니메이션 〈호기심 많은 조지Curious George〉를 보며 소리를 지르고 있다. 코로나 사태가 아니라면 지난 4월부터 유치원에 다니고 있었을 녀석이다. 이래서야 연구할 틈이 나지 않는다.

게다가 더 큰 문제는 '교육 활동'이다. 수업 준비에 필요한 많은 자료가 연구실에 있는데 대학도 원칙적으로 출입이 금지되어서, 1학기는 전부 온라인 수업을 해야 한다. 이런 상황에서 집에서 아이를 돌보며 화상 수업이 가능할까? 아이 울음소리나 TV 소리가 들리지 않도록 욕실에서 해야 하나? 아니, 욕실에서는 전파가 잘 잡히지 않는다.

수업 영상을 녹화하면 좋을 거라 여길 수도 있다. 실제로 나도 아이들이 잠든 밤에 수업을 녹화하는 작전은 성공했다. 하지만 녹화 영상만으로 해결될 거라면, 마치 입시학원에서 유명한 선생님의 강의를 한 차례 녹화해서 하듯, 어느 대학에서든 매년 수업에 돌려쓰면 되는 게 아닌가? 그렇게 하면 경비도 줄일 수 있고 생산성도 올라갈 것처럼 보인다. 코로나 사태 이전에 국내 대학이 온라인으로 이행할 것이라 예언한 오치아이 요이치落合陽一의 《일본진화론》(2019)을 읽었다. 그때 학생들이 "재미있게 가르치는 선생님의 온라인 강의가 뭔 소리인지 모르겠는 선생님의 오프라인 강의보다 더 좋다"고 하던 게 기억난다.

게다가 학생들은 아르바이트를 마치고 귀가하는 전철 등에서 1.5~2배속으로 우리가 녹화한 온라인 수업을 시청하는 것 같다. 효율성을 높이려는 노력은 기특하지만, 매일 밤 열심히 녹화 영상을 찍은 교사로서는 좀 안타까운 마음이 든다.

사회 인프라를 지탱하는 의존

'생산성' '효율화'라는 말은 분명 매혹적이다. 하지만 얼핏 보기에 쓸모없어 보이는 것들이 사라지고 나면 실은 그것들이 사회나 조직의 인간관계, 사람들의 행복도에 중요했다는 점을 깨닫게 된다. "생산성이 향상된 반면, 회사라는 공통의 공간에 있어서 할 수 있던 소소한 교류의 기회를 잃게 된다. 그게 장기적으로 어떤 영향을 미칠 것인가?" 하고 주희철은 우려한다.

재택근무가 잘되고 있다면, 그것은 기존 인원이 기존 고객을 대상으로 한 프로젝트를 꾸려나가고 있어서다. 하지만 재택근무 상황에서는 평소 만나지 않던 사람과 우연한 만남으로 새로운 프로젝트를 시작하기가 더 어렵다. 그러면 이미 다양한 인맥을 가지고 있는 연장자가 더욱 우위가 될 것이다. 예를 들어 신입사원은 어떻게 독자적 네트워크를 만들어 이미 활약하고 있는 사람들 사이를 비집고 들어갈 수 있을까? 윗세대는 가사와 육아를 여성에게 떠넘기고, 골프 접대나 회식 자리로 '신뢰관계'를 쌓아왔다고 하는데 말이다.

일찍이 경영학자 피터 드러커는 정보기술의 발달로 수평적이고 민주적인 커뮤니케이션과 공유가 사람들 간 격차나 독점이 없는 '포스트 자본주의사회'를 만들 것이라고 예측한 바 있다. 하지만 현실의 비즈니스 미래는 그리 수평적이지 않을 가능성이 크다. 재택근무 상황에서는 새로운 네트워크 형성이 어려워 이미 인맥과 명성을 가진 사람에게 일이 점점 더 집중되어 격차가 확대될지도 모른다.

이는 앞서 언급한 유명 강사의 사례와 같은 논리다. 즉, 기업이나 대학이 '불쉿 잡'을 없애기 위해 생산성을 높이면 노동자는 명백히 필요 없게 된다. 디지털 전환DX, Digital transformation을 밀고 나가는 그 너머에는 '포스트 자본주의'가 있고, 그 미래 사회에서 우리를 기다리는 것은 1%의 가진 자와 99%의 가지지 못한 자가 확실히 나뉜 사회, '디지털 봉건제'다. 오치아이 요이치도 '신분제'의 부활을 주장하고 있지 않은가? 이런 암담한 미래를 상상해보면, '불쉿 잡'이란 쓸데없는 일이긴 하지만 최소한 자본주의가 봉건제로 후퇴하지 않기 위한 한 가닥의 '자비'처럼 느껴지기도 한다. 하지만 그것도 이번 팬데믹이 결국 무너뜨릴지도 모를 일이다.

그런 어두운 미래와는 다르게 또 하나의 가능성을 열어준 것은 코로나 사태가 한창일 때 '밀폐, 밀집, 밀접과 같은 3밀'*의 악조건에서도 필사적으로 일해온 보육교사들의 목소리였다. 방문한 곳은 오사카시 니시구에 있는 혼마치 오히사마本町おひさま 보육원. 코로나 대책으로 보호자가 가정에서 보육하도록 권장하고 있어서 10명 남짓으로 아이들이 줄어

---

* 　3밀密은 밀집密集(많은 사람이 모임)·밀폐密閉(환기 안 됨)·밀접密接 (근거리 대화)을 뜻하는 단어로, 코로나 집단감염의 조건으로 알려졌다.-옮긴이

들어 보육원은 조금 쓸쓸한 분위기다. 하지만 조회를 참관하면서 느낀 것은 아이들이 위축되지 않도록 평소보다 밝게 행동하고 아이들 한 명 한 명에게 신경 쓰며 최선을 다하는 선생님들의 모습이었다.

보육교사 마스나가 히로코益永比呂子 원장의 이야기를 들어봤다. "사실, 코로나가 무섭고 제 연로한 부모님한테 절대 옮기고 싶지 않죠. 그렇지만 나만 생각하고 쉬면, 아이들이나 그 가족들이 힘드니까요." 감염자가 나오기 전까지 '사회 인프라'로서 일을 계속하겠다는 각오가 가슴에 와닿았다. 대학은 일찌감치 온라인 수업을 결정했기 때문에 더더욱 그렇다. 녹화 수업에 대한 나의 고충 따위는 별일 아닌 것이다.

과연 우리는 보육교사의 사명감에 기댄 채 안이하게 있어도 되는 것일까? 평소 사회에서는 생산성이 '낮은' 일이라면서 보육교사들에게 저임금노동을 강요하지 않았던가? 보육교사는 열심히 일하며 아이들의 생명까지 책임지고 있는데도 임금의 실수령액은 20만 엔도 안 된다. 학교에 다니는 방과후아동돌봄은 수당이 더 낮다고 한다. 그런데도 필요할 때만 스포트라이트를 비추고 영웅 대접을 하고 있어서 마스나가 원장도 분노하고 있다.

보육교사뿐만이 아니다. 간호사, 요양보호사, 청소부, 초중고 교사. 우리는 우리의 일상에 없어서는 안 될 필수 노동자들에게 지나치게 기대고 있지 않은가? 그동안 돌봄노동을 경시해왔으면서도 정작 돌봄 위기의 순간에는 그 부담을 오히려 이들에게 떠넘기고 있는 것은 아닌가. 결국 세계화가 진전되는 동안 우리 사회는 효율성만 지나치게 추구해온 것일지도 모른다. 예산을 삭감하고 비정규직을 늘리고, 코스트 절감을 목적으로 공장을 해외로 하나둘 이전한 결과, 긴급한 때에 생명을 살리는 데 필요한 마스크와 인공호흡기조차 만들지 못하는 나라가 되어버렸다는 점에 놀랄 따름이다. 더욱이 그 뒤치다꺼리를 하는 것은 언제나 약한 처지에 놓인 이들이다.

속도를 늦추고, 여유를 가져야 한다. 쓸데없다고 여긴 것이 쓸데없지 않았음을 반성하고, 무엇이 진정으로 사회에 본질적인 것인지 검토해야 한다. 덴쓰도 정말 이렇게나 많은 광고가 필요한지 한번 되돌아봐야 할 것이다. 그렇게 하는 것이야말로 '불쉿 잡'을 극복할 진정한 일하기 방식의 개혁이 될 것이다.

'규칙'이니까 다 받아들여야 하나?

표현의 자유에 대한 원체험

철거한 지 3년, 계속되는 학생과 대학 측 대립

"다테칸(학생 자치 알림판)* 세우고 싶은 사람이 있나요?"
무료 메신저앱 라인LINE으로 학생들에게 물어봤는데, 뭘 묻
는지 모르는 것인지 학생들은 메시지를 읽고도 답이 없다.
당황해서 다테칸 사진을 보냈다. '교토대학 문화'의 상징으

---

* 입간판을 뜻하는 다테칸반立て看板의 줄임말. 대학 캠퍼스 내에 동아리
회원모집이나 학생운동 구호, 정치적인 의견 개진 등 학생문화의 자
치, 자유의 상징인 입간판을 '다테칸'이라 한다. 교토대학에서는 학내
와 교토대학(요시다 캠퍼스) 앞 햐쿠만벤 교차로 한편에 늘어선 입간
판이 유명하다. 2021년 4월 교토대학직원조합은 교토시 조례에 따른
다테칸 제한은 헌법상 표현의 자유를 침해한다고 주장하며 교토시와
교토대학을 상대로 손해배상 청구 소송을 제기한 바 있다.-옮긴이

로도 유명한 햐쿠만벤 교차로의 다테칸 사진이다.

내가 가르치던 오사카시립대학(2021년 6월 시점. 현재는 오사카공립대학에 근무)은 전에 학생운동이 활발하기로 유명했다. 그래서인지 다테칸도 정말 많았다고 한다. 그러나 벌써 10여 년 전에 캠퍼스 내 학생 게시물이 전부 허가제로 바뀌자, 다테칸 문화는 단숨에 사라져버렸다고 한다. 대학은 세대교체가 빠르다. 4년 지나면 학생들이 거의 다 바뀐다. '대학문화'는 계승되지 않으면 순식간에 사라져버리는 것이다. 같은 일이 지금 교토대에서 일어나려 하고 있다.

2018년 5월, 교토대는 교토시의 옥외 광고물 조례를 이유로 다테칸 철거를 시작했다. 학생들은 티셔츠에 글씨를 써넣어서 매달거나 주변 경관에 맞춰 돌담 앞에 다테칸을 세워두며 대항했지만, 대학 당국은 다테칸 전부를 강제철거했다. 원래 다테칸 설치는 자유였지만 이제는 공인된 단체에 한정한 허가제가 되었고, 장소나 기간도 제한되었다. 허가제를 위반한 학생은 징계 대상이 된다. "시의 조례에 대한 대응이라면서, 캠퍼스 밖 햐쿠만벤 교차로라면 또 모르겠지만 학교 내부에까지 다테칸을 제한하는 것은 지나치다, 진짜 목적은 학생의 자유를 제한하려는 것"이라는 목소리가 높아지는 이유도 잘 알겠다.

하지만 자유로운 표현을 다테칸처럼 케케묵은 형태에

의지할 필요는 없지 않느냐는 학생들의 반응 역시 자연스럽다. SNS 시대에 왜 교토대 학생들은 다테칸을 만드는가? 나의 수업을 듣는 학생들과 함께 실제로 다테칸을 만들며 생각해보자고 참가자를 모집했는데, 모인 학생은 남녀 단 2명뿐…… 아무런 관심이 없는 건지, 내게 신뢰가 없는 건지.

5월 중순 교토대로 가봤는데, 햐쿠만벤 교차로의 다테칸은 완전히 사라졌다. 아무래도 코로나 사태로 인해 온라인 수업을 하게 된 영향도 있고, 학생들의 동아리도 SNS 소통에 중점을 두는 것으로 바뀌어서인 것 같다. 그래도 여전히 규제에 반대하는 목소리를 내는 학생도 소수지만 있다. 2018년 4월 규제를 반대하며 결성된 동아리 '신고릴라シン・ゴリラ'의 학생들이다.

이날 교토대의 학생자치 기숙사인 '구마노 기숙사'에서 다테칸을 만들었는데, '신고릴라' 학생들이 초심자인 우리를 도와주었다. '신고릴라'는 대학에서 정식 동아리로 인정받지 못하고 있다. 왜냐하면 동아리 활동 중 하나로 게릴라성으로 다테칸을 만들어 세우고 있기 때문이다. 그래서 학생들의 활동은 징계받을 위험이 있다. 요즘 엘리트 학생이 봤을 때는 '가성비가 좋지 않은 일'일 텐데, 놀랍다.

학생들을 다테칸을 지키는 활동으로 이끄는 동기는 '자유가 없어지는 것에 대한 위기의식'이다. 법학부 여학생은

"좋아하는 걸 표현할 수 있어서 다테칸을 만든다"고 한다. 남학생은 "규제를 당하고 있으니까 만든다"라고 말하는데, 그 각오가 인상에 남았다. "규제된 햐쿠만벤에 다테칸을 세우는 것은, (아티스트) 뱅크시가 팔레스타인의 분리장벽에 그림을 그리는 것과 똑같은 의미가 있는 거죠"라고.

처음으로 다테칸을 만드는 것이라 어려운 작업은 할 수가 없다. 나는 빨강, 학생들은 노랑으로 각각 베니어판에 바탕색을 칠한 뒤 마르는 동안 디자인을 구상했다. 두 학생은 코로나 사태 중에 일본에서 백신 접종이 늦어지는 현 상황을 비판하는 메시지를 쓰고 싶다고 한다. '신고릴라' 멤버들과 논의하고 있으려니, 지나가던 학생들이 잠깐 멈춰 서서 "사이토 씨, 여기서 뭐 하고 계세요?" "사인해주세요"라면서 스스럼없이 말을 걸어온다. 다테칸 만들기에 대해 열심히 조언해주는 학생도 있다. 이렇게 열린 교류의 공간이 남아 있다는 점이 귀중하다. 길어지는 코로나 사태 가운데 이런 생각이 한층 더 마음속에 퍼지고 있다.

협력을 빠뜨리고 얘기할 수 없는 작업의 재미

몇 시간 후, 학생들은 코로나19 바이러스 그림 위에 "이

나라, 최고다"라고 썼고, 나는 '오사카시립대학·교토대 다테칸 연대'라고 부른 다테칸을 완성했다. 실제 만들어보니, '다테칸은 학생들의 문화'라는 말의 의미를 잘 알겠다. 혼자서는 만들 수가 없는 것이다. 같이 만든 여학생도 "다테칸이 좋은 이유는 혼자 세울 수 없기 때문"이라고 했다. 디자인도, 제작도, 운반도, 간판이 크면 클수록 누군가의 도움이 필요하다. 처음에는 어리둥절했던 학생도 조언을 들으며 점차 적극적으로 아이디어를 냈고, 처음 구상한 것하고는 아주 다른 작품을 완성했다.

이후 모두 함께 소형 트럭을 이용해 햐쿠만벤으로 옮겨서 기념 촬영을 한 후 바로 철수했다. 눈총을 받을 일이 아니다. 자신이 좋아하는 것을 창작해서 모두에게 보여주고 싶은 학생들의 건전한 표현 활동에 지나지 않기 때문이다. 단단하게 고정하면 다테칸이 쓰러질 일도 없다. 시와 대학 측에서 경관 보호를 이유로 돌담 앞에 세워진 다테칸을 철거한다면, 교차로 맞은편에 있는 중화요리 체인점의 요란한 노상 입간판이나 다른 광고물도 철거해야 할 것이다.

동아리 소개, 시민 대상 행사 안내, 의견 표명 등 다테칸의 메시지는 다양하다. 그런데 그중에는 "지저분해 보이니 '혐오감'이 든다고 하는 사람들도 있지만"이라고 말한 이는 교토대 졸업생인 비상근 강사 사이고 미나코西郷南海子 씨다.

예를 들어 오사카 가마가사키에서 월동투쟁* 참가를 호소하는 다테칸은 여러 이유를 들며 빈곤 문제를 외면하던 자신의 '추함'을 돌아보게 하며 반성하도록 촉구하는 표현물이었다고 한다. 다테칸은 길거리에 누구에게나 열려 있는 '공공재'니까 우연한 만남도 있다. 이 모든 것을 관리하려는 대학 캠퍼스는 정갈하다. 그렇지만 거기에는 "어떤 종류의 폭력성이 드러난다"고 사이고 씨는 지적한다. 그러니까 모두가 관리사회를 환영한다는 식의 사고방식에 내재된 폭력성이다.

애당초 다테칸을 본 적이 없다면 만들려는 생각조차 하지 않을 것이다. 사실 '신고릴라' 소속 농학부 남학생도 "교토대 학생에게 다테칸은 일상적 '문화'였는데, 이제 이 문제에 관심이 없다"며 한숨지었다. 다테칸을 잃은 경관이 당연하게 여겨진다면, 신입생들은 규제하는 쪽이 아니라 오히려 만들려는 쪽에 대해 의문을 품게 될지도 모른다. 오래된 문화에 향수를 느끼는 것일 뿐, 시나 대학에서 정한 규칙에 저항하는 것은 엘리트의 특권의식을 악화시키는 게 아니냐며.

---

* 일용직 노동자들이 모이는 오사카 가마가사키에서 일용직 노동자, 노숙인이 겨울을 날 수 있도록 돕는 투쟁. 노동조합원, 대학생 등이 급식과 생사 안부와 건강 상태 확인, 모포 지급 등을 하는 연대투쟁으로, 1970년에 시작되어 매해 연말·연초에 열리고 있다.-옮긴이

이번에 취재한 사이고 씨와 학생 모두의 공통점은 다테칸이 자유의 원체험^{原体験}**이라는 점이다. 고등학교까지는 '정답'이 있는 문제가 주어지고 그것을 풀어내면 그만이었지만, 대학에서는 그런 생활이 바뀌어 '난립하는 다테칸' 광경을 마주하게 된다. 이는 '공적인 장소에서 자기가 좋아하는 것을 표현해도 좋다'라고 하는 이른바 해방의 경험이었던 것이다.

물론, 그래 봤자 고작 다테칸이다. '간판을 세우는' 것쯤이야 수험공부만 하던 엘리트의 겉핥기식 해방 경험이라고 치부할 수도 있다. 하지만 그조차 학생자치가 남아 있는 대학의 '특권'과도 같은 자유이며(오사카시립대에는 학생자치회가 없다), 교토대 구마노 기숙사에서 내가 느낀 자유로운 분위기도 요즘 오사카시립대와는 틀림없이 다른 것도 사실이다.

그리고 학생들도 그런 점을 피부로 느꼈을 것이라고 생각한다. 실은 몇 달 뒤 구마노 기숙사에서 열린 축제에 학생들을 초대했는데, 8명이나 되는 학생들이 밤늦게 와주었다. 이 글에는 쓸 수 없는 행사에 참가하며 즐거워했다.

과연 교토대는 언제까지 '자유로운 학풍'을 지킬 수 있을까? 몇 년 후 교토대 학생들은 더 심한 규제도 "규칙이니

** 삶의 방식이나 사상을 형성하는 데 큰 영향을 미치는 체험.-옮긴이

까"라는 이유로 순순히 받아들이고 말지도 모를 일이다. 그 너머에서 기다리고 있는 것은 '글로벌 엘리트' 양성기관으로서의 교토대이고, 그러한 규칙을 따르는 엘리트들이 만들어내는 것은 홍콩, 싱가포르와 같은 관리사회가 아닐까. 조그마한 자유의 문제라도 큰 자유의 문제로 이어진다. 그래서 '신고릴라'는 징계 위험을 무릅쓰고 새로운 다테칸을 계속 만들고 있다.

자본주의에 대한 불만,
전체주의에 대한 쾌락
평등하고 공정한 사회에 대한 환상

훈훈한 무인도 DIY 생활

코로나19의 충격으로 2020년 여름 행사가 전부 중지되고 말았다. 사실 코로나 사태로 괴로운 음악 업계를 취재하려 후지 록페스티벌을 가려 했는데……

그런 가운데 닌텐도의 영업이익이 '12년 만에 사상 최고치'라는 지금 일본에서 드문 호경기 뉴스를 들었다. 외출을 자제하며 집콕 수요가 늘어 게임기 '닌텐도 스위치'와 전용 소프트 '모여봐요 동물의 숲あつまれ どうぶつの森'(약칭 모동숲)이 크게 히트했기 때문이라고 한다.

동물의 숲은 플레이어가 무인도에 이주해서 벌레와 물고기를 잡거나, 섬의 생활기반을 정비하면서 본인 취향대로 마을을 만드는 내용인 것 같다. 코로나 사태 속에 좀처럼 밖에 나갈 수가 없는데, 아이들과 함께 게임하며 여름 추억을 쌓고 가족한테 칭찬도 받고…… 나쁘지 않다.

게임은 중학생 시절 '파이널 판타지 X'를 해본 이래, 약 20년 만이다. 바로 닌텐도 스위치를 사려고 오프라인 매장으로 달려갔는데 내 계획은 정말 안이했다. 어느 매장이든 '입고 미정'이라는 안내문뿐이었다. 인터넷에서는 이른바 '되팔기'로 정가를 한참이나 웃도는 가격으로 팔고 있다. 코로나19의 세계적 대유행의 영향으로 물류에도 혼란이 생겨 닌텐도 스위치 생산이 늦어지고 있다고 한다.

시간이 아까워서 정가보다 높은 프리미엄이 붙은 가격으로라도 살지 말지 망설였는데, 결국 되팔기를 허용할 수는 없었다. 기를 쓰고 검색하자, 추첨이라든가 여러 가지가 있는데, 화요일 오전 10시 온라인 쇼핑몰 아마존 사이트에 닌텐도 스위치가 입고될 가능성이 큰 것 같았다.

서점을 사랑하는 나는 아마존이 싫지만, 취재 원고 마감을 안 지킬 수는 없는 노릇이다. 예전에 스니커즈를 한참 사 모으던 때가 있었는데, 당시 사이트 판매 경쟁에서 키운 쓸데없는 스킬을 살려, 간신히 정가로 입수할 수 있었다.

가까스로 시작한 모동숲 생활이라 좀 감개무량하다. 첫인상은 정말 평화로운 게임이라는 느낌이었다. 무인도 생활은 이주를 주선해준 부동산 회사 너굴* 사장과 부하직원 2명, 그리고 나와 함께 이주한 2명까지 총 6명으로 시작했다. 맨 처음에는 텐트에서 생활하며 정말 아무것도 없는 상태에서 숲을 개척하는데, 나뭇가지나 과일, 조개를 주울 뿐이다. 그리고 모은 나뭇가지나 돌을 이용해 직접 낚싯대나 도끼를 만드는, 말하자면 DIY Do It Yourself 생활이다. 세 살 큰아들은 처음 해보는 비디오 게임인데도 어느새 노는 법을 터득해 DIY를 하며 집을 꾸밀 오브제 아이템을 즐거운 듯 고르고 있다.

다른 사람들은 어떤 식으로 놀고 있을까. 궁금해서 찾아봤더니, '모여봐요 동물의 숲'이 일본인의 정신건강에 주는 효능은 대단할 것 같다. 먼저 "훈훈함이 느껴지는 자연의 세계관에 치유받는 느낌"이라는 트위터의 트윗이 눈에 띄었다. 그런 멘션을 쓴 사람은 웹 미디어 《지모코로 ジモコロ》의 편집장인 도쿠타니 가키지로 德谷柿次郎 씨다. 코로나 사태로 모동숲에 푹 빠졌다는 도쿠타니 씨는 "돈을 벌어야만 아이템을 손에 넣을 수 있는 건 아니고, DIY 요소가 있는 게 획기적"이라고 한다. 또 "코로나 사태로 외출도 제한되니까 DIY에 대한 관심이 높아지고 있어요. 그래도 도시에서는 DIY

---

* 캐릭터 명은 '너구리'인데 한국에서는 '너굴' 사장으로 쓴다.-옮긴이

나 정원 가꾸기를 하고 싶어도 소음이나 공간 문제가 있으니 못하는 사람이 많죠. DIY를 하고 싶은 욕구를 쉽게 만족시킬 수 있던 게 아닐까요"라고 게임이 히트한 이유를 분석한다.

화폐 집중으로 어느새 독재자가?!

뭔가를 만들어내는 즐거움에 게임을 계속하고 있자니, '파니엘'이라는 방문자가 섬에 나타났다. 어쩐 영문인지 "이상적인 코뮌"을 만들기 위해 여행 중이라고 한다. 여기서 생각난 것은 19세기 영국의 사회주의자 로버트 오언Robert Owen*이 미국으로 이주해서 사재를 투입해 설립한 '뉴 하모니New Harmony'다. 오언은 이국땅에서 평등하고 자유로운 자

---

* 1771~1858. 협동조합을 창시한 사회개혁가. 웨일스의 수공업자 가정에서 태어나 상점 점원으로 일하다가 산업혁명이 진행되던 시기 맨체스터 방적공장을 경영하면서 기술개량을 통해 생산량을 늘려 부를 쌓았다. 노동자와 자본가가 공동으로 경영하는 이상적인 공장을 만들고자 했으며, 빈민 구제를 위해 협동주의 사회를 제안했다. 1825년 미국 인디애나주에 협동마을 '뉴 하모니'를 만들었으나 실패했다. 협동조합사에서 선구적 인물로 평가되고 있으며, 2017년 평전 《로버트 오언》이 한국에 번역 출간된 바 있다.-옮긴이

급자족형 커뮤니티를 만들려고 시도한 것이다.

　오언이 지향하던 유토피아 사회의 기둥으로 삼자고 제창한 방법은 화폐개혁, 즉 '노동증권'의 발행이다. 생산물을 '교환소'로 가져가면, 커뮤니티 구성원은 노동시간에 따라 노동증권을 받을 수 있다. 교환소에는 노동시간이 표시된 생산물이 진열되어 있는데, 노동증권으로 구입할 수 있다. 이렇게 하면 각 생산자는 자신의 노동시간에 맞춰 교환할 수 있다. 반대로 자본가나 지주처럼 일하지 않고 생활하는 방식은 허용되지 않게 된다. 이것이야말로 착취가 없는 공정한 사회일 것이라고 오언은 생각했다.

　모동숲도 닮았다. 직접 만든 도구로 물고기나 곤충을 잡았다면 '너굴상점'에서 매입해준다. 그게 '벨'이라고 부르는 지역통화를 획득할 수 있는 거의 유일한 방법이다. 그렇다면 실은 너굴상점이 '교환소'이고, 벨은 '노동증권'이 아닌가?

　모동숲이 사회주의 게임이라고!? "코로나 사태로 사회주의 게임이 대히트"한 것이라면 가슴이 뛴다. 하지만 현실은 그렇게 단순하지 않다. 오언의 장대한 실험이 몇 년 만에 실패한 것처럼, 모동숲판 사회주의도 잘되지 않는다.

　이 게임이 목가적인 또 한 가지 이유는 적이나 게임 오버Game Over가 존재하지 않는다는 것이다. 게임 클리어Game

Clear와 같은 목표도 딱히 없다. 그래서 마음이 내킬 때 조개나 과일을 모으기만 하면 된다. 하지만 그래서야 이 섬은 전혀 발전하지 못한다. 잡초가 무성해져 황폐해져갈 뿐이다. 만약 이게 현실이라면 마을에는 빈곤과 기아가 만연할 것이다. 실제로 주민들의 게으름이 뉴 하모니가 실패한 원인 중 하나였다고 한다.

그런 까닭에 사회를 발전시키기 위해서는 노동으로 이끄는 인센티브가 필요하다. 도쿠타니 씨는 그게 '승인 욕구'라 한다. "SNS를 보면 많은 이들이 자기 섬의 영상이나 사진을 올리고 있어요. 나도 인정받고 싶다는 마음이 들끓게 되죠."

하지만 섬을 자랑거리로 만들려고 하면, 게임의 성격이 변하게 된다. 집을 넓히고, 다리나 구역을 정비하는 데는 막대한 자금이 필요하기에 효율적인 화폐 획득이 [게임의] 목적이 된다. 밤낮없이 일하고, 다른 섬에 일하러 가고, 결국 주식(순무)*에 손을 대고, 스스로 만들 수 없는 것은 멀리서 대량으로 들여와야 한다.

---

* 모동숲 게임에는 순무를 사서 시세에 따라 팔고 차익을 얻는 일종의 주식 거래가 있는데, 일본어로 주식과 순무는 모두 '가부かぶ'로 두 단어는 동음이의어다.–옮긴이

나도 처음에는 어떤 물고기든 잡히기만 하면 기뻐했지만, 나중에는 값싼 물고기라고 알게 되면 혀를 차게 됐다. 빈번하게 망가지는 낚싯대를 고쳐 쓰기도 귀찮게 느껴지기 시작한다. 감질나서, 대형선망 어선을 타고 다랑어를 일망타진해보고 싶은 기분이다(게임에 그런 [상황] 설정이 있는 것은 아니지만). 효율적으로 돈을 버는 것이 게임의 목적이 된 탓에, 모아둔 귀중한 자원을 낭비하는 것만 같은 아들의 DIY 놀이는 이제 방해가 되고, 결국 게임도 가정도 삭막해진다.

게다가 화폐가 어떤 곳에 집중되면, 플레이어의 권력이 커진다. 원래는 모두를 위한 섬이었지만, 돈이 있으면 다리나 계단을 설치하는 장소도 마음대로 결정할 수 있게 되고, 건설하는 데 방해가 될 주민의 집을 강제로 이주시킬 수도 있다. 내 취향이 아닌 외모의 캐릭터를 추방시킬 수도 있다.

3주 정도 놀아보니, 코뮌이 목표로 했던 평등하고 공정한 사회는 더는 어디에도 없었다. 자본주의가 싫어서 무인도에 이주한 것인데, 어느새 나는 모든 것을 돈의 힘으로 결정하는 독재자가 되었다. 뉴 하모니는 '스탈린주의'로 변한 것이다!

그래, 모든 것은 꿈이었다. 현실사회에서 밤낮없이 일하고 쉬는 날에도 DIY를 할 수 없는 우리는 적어도 게임 속에서는 자유롭게 행동하고 싶어 한다. 지시받는 대신 힘내서 일하는 만큼 확실히 대가를 받아서, 그 돈으로 이상적인 세계를 만들고 싶다면서.

하지만 우리는 게임 속에서도 화폐의 힘에 붙들리고, SNS에서는 경쟁에 혹사당한다. 그 결과, 플레이어는 독재자가 됨으로써 일그러진 야망을 이루려 하는 것이다. 이리하여 섬은 전체주의적인 성격이 강해지는데, 그 폭력의 흔적은 섬이 깨끗하게 정비되어가면서 보이지 않게 된다.

동물의 숲이 히트한 이유가 현실에서의 자본주의사회에 대한 불만을 폭력적인 형태로 승화한 전체주의적 쾌락이라고 본다면, 코로나 사태 속 닌텐도의 좋은 실적을 마냥 기뻐할 수 없다. 그리고 나는 섬 주민을 강제이주시키기 전에 슬며시 게임을 멈췄다.

미래의 노동, 협동의 미래
'좋은 일'을 스스로 제안해서 하는 사람들

사람과 산을 잇고, 커뮤니티를 만들다

"각자가 경영자로서 생각하고 행동한다." 도요오카시에서 임업을 하는 '넥스트 그린 다지마Next Green 但馬'(약칭 NGT)의 멤버 다케히라 유키竹平裕貴 씨의 말이다. 이 이야기를 들었을 때 뇌리에 스친 것은, 나의 책 《미래를 향한 대분기未来への大分岐》* 작업으로 2018년에 만난 철학자 마이클 하트Michael Hardt와 나눈 대담이었다. 하트는 자본주의에 저항

---

*   이 책의 저자 사이토 고헤이가 자본주의 위기, 빈곤의 심화, 민주주의 등을 주제로 마이클 하트를 비롯해 마르쿠스 가브리엘Markus Gabriel, 폴 메이슨Paul Mason과 대담한 기록집이다.—옮긴이

하는 노동자들의 힘을 '앙트레프레너십Entrepreneurship'(기업가정신)*이라고 명명했다.

하트는 안토니오 네그리Antonio Negri와 같이 쓴 《어셈블리》에서 다음과 같이 썼다.

그러나 신자유주의 이데올로기의 지독한 속임수와 피도 눈물도 없는 정책에 분개한 나머지, 그 바로 아래에 존재하는 사회적 협동의 역동성을 놓쳐서는 안 된다. 자기 자신의 기업가企業家=起業家가 되라는 신자유주의의 공허한 권고에 따르느라, 멀티튜드Multitude(다중)의 기업가起業家 활동을 간과해서는 안 되는 것이다.

신자유주의의 개혁에 따라 노동자의 고용불안정과 빈곤이 아무리 늘어나더라도, 그 이면에서 노동자들은 사회적 네트워크를 형성하고 창조적인 힘을 기르고 있다고 하트와 네그리는 주장한다. 신자유주의가 내걸고 있는 '기업가정신'이라는 단어를 환골탈태해서 노동자계급을 위한 긍정적인 단어로 바꾸려는 것이다.

---

*   기업가를 뜻하는 프랑스어인 '앙트레프레너entrepreneur'에서 유래한 단어로 '위험을 감수하는 정신'이라는 뜻.-옮긴이

그런데 그건 유니클로를 운영하는 패스트 리테일링Fast Retailing**의 회장 야나이 다다시가 말하는 "전 직원이 경영자가 되어라"라는 구호와 동일한 발상이 아닌가? 실제로는 노동자에게 기업가가 가진 재량은 부여되지 않고, 주어진 매뉴얼을 암기하기만 한다. 그것을 내면화해서 '자유'롭게 행동해봤자 점점 종속적인 존재가 될 뿐이다. 그래서 나는 하트에게 반론했다. 그때 주고받던 대화가 생각난 것이었다.

유니클로에만 해당하는 이야기가 아니다. 우리는 밤낮 없이 쏟아지는 일을 계속 처리해야 한다는 강한 압박에 끊임없이 노출되어 있다. 스마트폰만 있다면 언제 어디서든 일할 수 있다. 그렇지만 그렇게 무리해서 일한 결과, 우울증에 걸리거나 은둔형 외톨이가 된 사람도 적지 않다. 그리고 일을 지나치게 한 결과 방대한 에너지를 낭비하고 지구도 파괴하고 있다.

좀 더 자유롭고도 지속가능한 노동 방식은 없는 걸까? 답을 기대하며 '넥스트 그린 다지마NGT'를 방문했다. 왜냐하면 NGT는 일반적인 기업은 아니고, 노동자협동조합 '워커즈코프Worker's Coop'***의 일원이기 때문이다.

** 유니클로의 지주회사.-옮긴이

*** '일본 노동자협동조합 워커즈코프연합회'의 약칭. 1981년 전일본자유

노동자협동조합이란 노동자들이 스스로 출자·경영하여 자유롭고 대등한 일하기 방식을 실현하는 것을 목표로 한 '협동조합'이다. 일본에서는 '워커즈코프' '워커즈콜렉티브Worker's Collective'가 오랜 기간 활동해왔다. 선진국 중에서 드물게 일본은 노동자협동조합을 법적으로 인정하지 않았는데, 2022년 10월 마침내 노동자협동조합법이 시행되어 요즘 주목받고 있다.

협동조합에는 사장이 없어서 어떤 일을 할지 작업이나 역할 분담을 스스로 결정한다. 돈만 벌자고 하지 않는다. 노동자를 위해, 지역을 위해, 자연을 위해 '좋은 일'을 중시하는 것이다.

NGT 멤버는 '워커즈코프 다지마 지역 복지사업소'의 조합원이다. 이 사업소는 2009년 시작했는데, 초기 활동은 청년 취업 지원이었다고 한다. 이날 안내해준 가미무라 도시오上村俊雄 소장도 취업 지원을 받은 청년이었다. 지금은 집

노조조합(전신 전일본토건일반노동조합)의 중장년 고용·복지 사업단 운동으로 시작되어 이탈리아의 협동조합을 조사·연구하면서 노동자협동조합 운동을 펼쳐왔다. 공원이나 도로 청소, 병원 청소 등을 하다가 현재는 육아, 고령자 돌봄, 은둔 청년·빈곤층 지원 등 지역복지 활동을 하고 있는데, 일본 전국에 400여 개 사업소와 1만여 명의 조합원이 있다.-옮긴이

에만 틀어박혀 있지 않고 NGT를 시작으로 다지마·단고(교토부) 지역 사업을 주관하고 있다. 가미무라 씨의 좌우명은 "느긋하게, 각자에게 맡기자"다. 있는 그대로의 탈성장이라는 생각이 들어 감동했다.

그 후 사업이 확대되는 가운데 2013년에 발족한 NGT는 현재 30대부터 50대 남녀 5명으로 구성되어 있다. 임업에 흥미가 있어서, 산이 좋아서 등 가입 이유는 다양하다. 멤버 중 한 명인 사토 다카유키佐藤孝幸 씨가 자신이 일하는 현장인 산으로 안내해주었다. 15년 정도 전에 사토 씨는 태어나고 자란 도쿄에서의 회사 생활을 그만두고 도요오카에 왔다. "자연에 가까운 곳에 있고 싶다"며 임업에 종사하게 되었다는 것이다.

사토 씨에 따르면, 전후에 식림植林한 삼나무와 편백나무는 이제 목재로서 적령기를 맞았는데도, 외국에서 값싼 수입 목재가 들어와 가격 붕괴에 시달리고 있다고 한다. 국가보조금으로 겨우 관리하는 게 현실. 벌이가 되지 않아서 산의 소유자조차 산림에 무관심하다. 연락이 닿지 않거나 누구의 땅인지도 이제 알 수 없는 경우도 있다고. 이렇다 보니, 산은 완전히 황폐해지고 사람의 발길도 더욱 소원해진다. 그렇게 되니 이제 사슴이나 멧돼지가 점점 늘어서 마을 근처 논과 밭을 망치게 된다. 애써 길러낸 자원이 효과적으로 쓰이기는커녕 꽃가루 알레르기나 야생동물 출몰의 원인이 되어 피해를 주는 현실이 안타깝다.

단기적인 이득을 우선시한다면, 전부 베어버리는 것이 좋을지도 모른다. 하지만 NGT가 지향하는 것은 예로부터 이어온 '지속가능한 자벌형自伐型'* 임업. 험준한 산의 나무 솎아베기나 도로망 정비에 중점을 두고, 솎아낸 나무를 장작이나 목공예품으로 가공해서 판매한다. "수령이 120년 된 나무를 다음 세대에게 남겨주는 것이 목표"라고 사토 씨와 조합원들은 자랑스럽게 말한다. 기회는 지금부터라는 것이다.

한편 합성 목재가 주류가 되어가는 가운데 큰 편백나무 수요도, 그 좋은 목질을 활용할 목수도 줄고 있어서 위기의식이 가중되고 있다. 모처럼 훌륭한 목재가 생겨도 그런 목재의 가치를 알아보거나 가공할 수 있는 사람이 사라질지도 모른다. 그래서 임업이라는 일을 미래에 남겨주기 위해서는 임업만으로는 부족하니 NGT는 그 외의 일을 중시한다. 좀 더 지역 전체에서 인간과 산의 관계를 재구축하기 위한 가교가 되려 한다는 것이다.

---

* 숲의 나무를 한꺼번에 다 베지 않고, 남겨둘 나무를 골라내어 그 나무의 성장에 방해가 되는 나무를 베는 간벌을 장기적으로 반복하는 방식.-옮긴이

예를 들어 시골에 살고 있어도 아이들은 산도 강도 위험하다는 말을 듣고 "도시에서 사는 것과 그리 다르지 않게 살고 있다"고 가미무라 씨는 한탄한다. 그런 [일반적인] 이미지와는 다른 이야기여서 듣고 놀랐는데, 산이 황폐하고 어두워서 위험하니 어쩔 수 없다고 한다. 그래서 NGT는 산림 정비에 힘을 쏟았다. 지역의 아이들이 숲에 들어가서 자연을 체험할 수 있는 공간을 제공하기 위해서다.

나아가 그 연장선에서 '숲 유치원'의 실현을 목표로 삼고 있다(2022년 현재, 숲 유치원 쓰무그리['타래'라는 뜻] 개설). 아이들과 그 부모, 지역주민이 앞으로 숲을 중심으로 해서 지역 커뮤니티를 (다시) 만들고 숲의 공동관리자가 될 미래를 꿈꾸면서.

그렇다 치더라도 임업과 보육은 상반되는 듯한데, 그런 아이디어가 나온 것은 아이를 키우면서 파트타임으로 임업을 하는 나시로 지즈루名城千鶴 씨가 있기 때문이라고 한다. 그야말로 다양성이 만들어낸 묘수다. NGT에 숲은 그저 상품이 아니다. 지역의 공동재산이자 커뮤니티를 풍요롭게 하기 위한 기반이다. 그걸 보니 생활지식에 근거해 지역에서 독자적으로 지속가능한 사회를 향한 전환을 '내발內發적 발전'이라고 불렀던 쓰루미 가즈코鶴見和子*가 문득 떠올랐다.

미래의 노동, 제로에서부터 만들다

5명은 아침 8시가 넘으면 산에 들어가서 저녁 5시경까지 작업한다. 날씨가 나쁘면 사무실에서 목공예품을 만들거나 일을 쉬고, 대신 주말에 일하기도 한다. 양봉을 하거나 매실과 어성초를 기르는 등 다른 분야에 대한 도전도 거르지 않고 있다. "하고 싶은 일을 가볍게 제안하고, 수익이 날지 어떨지 모르는 단계라도 '한번 해보자'고 하며 추진할 수 있다. 일의 자유도가 높다"라고 말하는 다케히라 씨. 동료와 논의하면서 실험과 실패를 거듭하고, 지역에 필요하고 보탬이 되는 일을 스스로 발굴해나간다.

"여기 오기 전까지는 관리받으며 일하는 것밖에 몰랐죠. 스스로 일을 하나부터 만들고 실행합니다. 남에게 맡기는 게 아니라, 모두가 책임을 갖고 있어요. 논의하는 것은 번거롭고 시간도 걸리지만, 보람이 있어요." 그렇게 말하면서 사토 씨는 근처에서 잡은 멧돼지와 사슴 고기를 내왔다. 갑자기 미니 바비큐가 열려 모두 함께 구워 먹었다. 이 자유로

---

*   1918~2006. 사회학자. 근대화에 대항해 각 지역의 특성을 살려 지역 주민이 자율적으로 좋은 생활을 만들어나갈 수 있는 방법인 '내발적 발전론'을 주장했다.-옮긴이

운 분위기가 매력적이다.

그에 비해 도시에서 일하는 우리는 고용근성[고용되어야 만 일할 수 있다는 사고방식]에 얼마나 깊게 물들어 있는 걸까. 할당된 노동량과 효율, 자신의 출세에만 신경 쓴다. 장시간 노동을 해도 매뉴얼대로 하면 되니 한편으로 '편하다'고 여기기도 한다. 그렇지만 그것은 생각하기를 멈추고 자본의 '노예'가 된 모습이 아닐까?

NGT가 지향하는 것은 임금 노예가 된 사람들에게 경영자처럼 행동하라고 명하는 자본가의 기만과는 전혀 다르다. 앞에 쓴 "각자가 경영자로서 생각하고 행동한다"는 발언을 들었을 때, 이곳에도 유니클로식 사고방식이 침투한 것인지 걱정했는데, 아무래도 빗나간 것 같다. 그 발언은 NGT가 신자유주의적 틀의 '기업가정신'이라는 말을 탈바꿈하여, 스스로 제안하고 추진한 '좋은 일'이 어떻게 지역에서 풍요롭고 안심할 수 있는 새로운 생활양식을 창조해냈는지 실제 경험을 통해 보여준 말이었다.

도요오카역에서 차로 30분. 일본해를 바라보는 쓰이야마에서 게를 먹고 싶은 기분을 꾹 참으며 산으로 향하는 길을 택했던 그 건널목이 바로 자본주의의 저편에 이르는 입구였던 것이다.

그리고 깨달았다. 마이클 하트가 협동조합이 발달한 이

탈리아나 스페인 사회에 대해 상세히 알고 있다는 점을. 실제로 스페인 바르셀로나에서는 협동조합 기반의 시민참여형 운동이 정치도 움직이고 있는데, '뮤니시펄리즘Municipalism'(지역주권주의)이라 불리는 새로운 혁신의 지자체를 탄생시키기까지 했다.[*]

하트가 바라보는 노동의 풍경은 일본에서 내가 본 바와 크게 달랐던 것이다. 고용된 자의 노예근성에 익숙한 나는 그의 말을 충분히 이해하지 못했던 것 같다. 코로나 사태가 진정되고 다시 그를 만날 기회가 있다면 '협동'의 미래에 대해 다시금 논의하고 싶다.

---

[*]　바르셀로나에서 지역사회 집회를 통해 생겨난 단체들의 연합이자 지역정당인 '바르셀로나 엔 코무Barcelona En Comú'는 2015년 지방선거에서 승리했는데, 이후 저소득층과 청년 대상 공영주택 건설, 태양광 패널 설치 등 재생에너지 장려, 도시 녹화 등의 정책을 펼쳤다. 상세한 사항은 《시민권력은 어떻게 세상을 바꾸는가》(존 레스타키스 지음, 번역협동조합·박대진·남선옥·유은희 옮김, 착한책가게, 2022)를 참고하면 된다.-옮긴이

올림픽의 그늘
오로지 성장을 향해 달리는 폭력성

'재개발을 위해' 배제된 사람들

2021년 7월 23일, 결국 도쿄올림픽이 개막했다. 고교 시절까지 매일같이 축구를 했고, 지금도 스포츠 관람이 싫지는 않다. 그렇지만 코로나19 감염 확대, 의료 현장의 부담 증가, 개막식 담당자의 왕따 가해와 인권 경시로 인한 사퇴 해임 사태,** 지인의 음악 콘서트 중단 등 이런 사건을 생각하면 진심으로 개회식을 즐길 수 없었다. 더욱이 개막식 이틀 전 도쿄 신주쿠구에 있는 국립경기장 근처를 갔을 때 들은

** 개막식 음악 담당자인 오야마다 게이고가 학창 시절 장애인 친구를 괴롭히던 사실이 드러나 논란 끝에 해임되었다.-옮긴이

기쿠치 고이치菊池浩一 씨의 말이 뇌리를 떠나지 않았기 때문인지도 모른다. 기쿠치 씨는 개막식을 TV로 지켜봤을까?

취재 당시 89세인 기쿠치 씨가 도쿄도에서 운영하는 '도영 가스미가오카霞ヶ丘아파트'로 이사 온 것은 1989년의 일이다. 아파트는 재건축 전이던 경기장에서 엎어지면 코 닿을 데에 있었다. '2016년 도쿄올림픽 유치 활동'을 하던 2009년에 기쿠치 씨는 설레는 마음으로 "도쿄올림픽을 다시 한번"이라고 쓴 깃발을 들고서 번화가를 돌며 적극적으로 올림픽 유치 활동을 했다고 한다. 그리고 2013년에 이번 도쿄올림픽 개최가 결정됐을 때 진심으로 기뻤다고 한다.

하지만 애초에 '콤팩트[간결한] 올림픽'으로 개보수하는 정도로 준비하려던 경기장을 재건축하기로 하면서 상황이 급변한다. 고故 자하 하디드Zaha Hadid 건축가가 설계하고 8만 명을 수용할 수 있는 새 경기장이 결과적으로 기쿠치 씨가 살던 아파트를 헐어버릴 것이라는 계획이 드러났던 것이다. 그 후 막대한 건설비 문제가 언론에서 크게 다뤄졌고, 최종적으로는 자하 하디드의 건축안은 백지화되어 철회됐다. 그런데도 아파트 철거 방침은 변하지 않았고 주민들은 퇴거를 강요당했다. 반대 목소리를 낸 주민은 약 130세대 중 기쿠치 씨를 포함해 불과 5~6세대였다. 마을조직이 주민들의 이주를 주도하는 가운데, 기쿠치 씨는 압도적인 소수파였다. 고령의 주민이 많고, 주민 대부분이 포기하도록 압박당했다. 그렇게 기쿠치 씨 등 소수파의 비통한 외침은 무시되었다.

그렇다고 절대 이사를 가지 않겠다고 한 건 아니라고, 기쿠치 씨는 이사한 공영아파트 방에서 당시의 일을 떠올리며 말했다. 실은 기쿠치 씨는 젊은 시절 일하던 공장에서 사고가 나는 바람에 주로 사용하던 오른팔을 잃었다. 왼팔에도 장애가 있다. 짐을 높게 들어 올리지 못하게 돼서 바닥에 여러 짐을 둘 공간이 필요했다. 가스미가오카아파트는 2DK[*]였다고 한다. "그래서 새집도 비슷한 환경이었으면 한 거죠." 그게 최소한의 바람이었다. 그런데 혼자 산다는 이유로 1DK 집으로 이주하라는 명령이 떨어졌다. 게다가 또 타격이 있었는데 도쿄도 지자체로부터 받은 보상금이다. 그 금액이 고작 17만 1000엔이었다. 이사비도 되지 않는다. 돈이 전부는 아니지만, 올림픽 개최에 총 3조 엔을 쓰는 마당에 이렇게 불합리한 얘기가 다 있을까?

이런 경과를 기록하여 2021년 여름 전국에 공개된 다큐멘터리 영화 〈도쿄올림픽 2017 도영 가스미가오카아파트〉

---

[*] 방 2개에 주방Dining room 겸 부엌Kitchen이 있어서 부엌에 테이블을 놓을 공간이 있는 집. 1DK는 방이 1개인 집이다.-옮긴이

(아오야마 신야青山真也 감독)에는 2016년 한겨울, 기쿠치 씨가 이사 비용을 줄이기 위해 새집까지 손수레에 짐을 싣고 혼자서 애를 쓰며 끌고 가는 장면이 나온다. 기쿠치 씨 옆으로 고등학생으로 추정되는 야구부 단체가 달리며 지나치는데, 난처한 노인에게 손을 내밀기는커녕 방해가 된다는 표정이다. 그 냉혹함에 가슴이 저며왔다.

그로부터 5년. 주민들은 주로 3개의 도영 아파트로 뿔뿔이 흩어져 가스미가오카 커뮤니티는 해체됐다. 고령자에게 이사는 스트레스도 커서 새로운 곳에 익숙해지기도 전에 돌아가시는 분도 적지 않았다고 한다. 긴 시간 그들의 사정을 지켜봐온 아오야마 감독은 "고령자인 주민을 배려한 이주 방법이 더 있지 않았을까?" 하며 분노했다.

그렇다면 현재 가스미가오카아파트가 있던 자리나 인접한 메이지공원은 어떻게 됐을까? 아오야마 감독의 안내로 철거된 곳을 걸었다. 울타리로 둘러싸여 있어 안으로 들어갈 수는 없었는데, 거기에는 올림픽 보도용 특설 TV 스튜디오와 건설사가 임시로 지은 사무실이 서 있었다.

그리고 그 바로 옆에는 새로 지은 고급 분양 맨션 '더 코트 진구가이엔神宮外苑', 일본올림픽위원회JOC 사무실 등이 있는 '저팬 스포츠 올림픽 스퀘어', 일본청년관이라 불리는 3개 동의 고층 빌딩이 우리를 내려다보듯 우뚝 솟아 있었다.

더욱이 앞으로도 건설 러시가 계속될 예정이다. 국립경기장의 재건축에 따른 재정비로 이 주변의 건물 높이 제한이 15미터에서 80미터로 크게 완화되었기 때문이라고 한다. 그런데 여기서 핵심은 경기장에 아무리 사정이 있다고 해도 80미터로 높이를 완화할 필요는 없다는 점이다. 즉 고층 빌딩을 짓기 위한 완화 조치가 아니겠는가? 게다가 가스미가오카아파트 부지를 도로구획에 넣음으로써 맨션의 건폐율과 용적률을 최대한으로 늘릴 수 있게 됐다고 아오야마 씨는 지적한다.

다양성의 정신과 양립할 수 없는 능력주의

"이제 보니 올림픽을 위한 개발이 아니라, 개발을 위해 올림픽을 구실로 삼은 것이 아닌가?" 하고 의문을 제기한 이는 사회지리학자 하라구치 다케시原口剛 고베대학교 준교수이다. 규제 철폐는 개발할 수 있는 프런티어Frontier(미개척 영역)를 잃은 자본주의가 새로운 투자처를 찾기 위한 상투적 수단이다. 이번 사례처럼 공원, 공공주택, 도시 경관과 같은 공공재산을 해체하는 경우라도 개발은 진행된다. 하라구치 씨는 그 지점에서 경제성장을 목적으로 한 메가 이벤트의 폭력성을 본다.

이번에 우리가 체험한 것이야말로 전 미국 올림픽 [축구] 국가대표이기도 했던 정치학자 줄스 보이코프Jules Boykoff가 '축하 자본주의celebration capitalism'라고 부른 것이다. 스포츠 축제의 떠들썩함에 편승해 납세자에게 부담을 강요하고 정부의 막대한 지출에 따라 특정 기업이 이익을 얻는 이른바 관민일체형 프로젝트이다. 동일한 리스크는 엑스포, 카지노가 포함된 통합 리조트 사업IR, Integrated Resort에도 있다. "우리 중 누구든 그 희생자가 될 수 있어요"라며 하라구치 씨는 경종을 울린다.

더욱이 기후변화 등 '더는 시간이 없는' 위기 단계에서 올림픽은 환경 문제 시점으로도 비판받아야 한다. 올림픽 이후에는 거의 사용하지 않는 대형 시설 건설부터 대량 폐기물을 발생시키는 선수촌의 냉난방 설비에 이르기까지 환경에 부담을 주는 것들이 즐비하다. 4년마다 각지에서 개최되며 거대한 환경파괴가 진행되는 이 올림픽이라는 구조는 조속히 재검토해야 하는 문제다.

취재 말미에 기쿠치 씨에게 "곧 올림픽이 폐막하는데, 어떻게 느끼나요?"라고 물었다. 그러자 "내가 약한 인간이니까 어쩔 수 없다고, 스스로 그렇게 말하죠"라는 답이 돌아왔다. 기쿠치 씨는 본인이 유도를 하던 시절의 체험을 떠올렸다. 스포츠에서는 승리를 위해 상대의 가장 약한 부분을 노린다. 거기에는 인정이나 배려가 없다. "올림픽은 승부의 세계니까. 진 사람은 안 되는 거죠. 하찮은 사람이 되고. 노숙자, 장애인, 노인, 약한 사람들은 다 쫓겨나는 거예요." 좀 더 노여움에 찬 말이 나올 것으로 생각했다. 기쿠치 씨에게 그렇게까지 타격을 준 올림픽을 원망하게 됐다.

이 문제는 스포츠 업계에 만연해 있는 승리지상주의와 관계가 있지 않을까? 선수들은 강함을 가치 있다고 여기게 되고, 그 결과 그렇지 못한 사람들은 뒤떨어진 존재로 차별받게 된다. 코로나에 감염된 상대 팀 남아프리카공화국 축구 대표 선수를 두고 "(우리에게는) 득일 수밖에 없죠"라고 거침없이 말한 일본 축구 대표 구보 다케후사의 발언은 상징적이다.

지나친 능력주의는 다양성에 대한 존중이나 페어플레이 정신과 양립할 수 없다. 그만큼 스포츠의 폭력성이 축하 자본주의의 폭력성과 연결되면 폭주하게 되고, 약자는 배제되고, 착취되며 철저하게 짓밟힌다.

올림픽은 '참여하는 데 의의가 있다'고 하면서 다양성을 이념으로 삼고 있지만, 요즘 유행하는 돈벌이 목적을 숨기고 겉으로는 환경보존을 내세운 '그린 워싱green washing'[위장 환경주의]에 빗대 말해보면, 실제 올림픽은 보기 좋은 겉치

레만 덧씌운 '스포츠 워싱'으로 전락하고 있는 셈이다.

그리고 관중도 선수도 어렴풋이나마 그 기만을 알아차리면서도, 올림픽에 '감동'하거나 자국의 활약에 도취되려고 한다. 그렇지만 SDGs(Sustainable Development Goals, 지속가능발전 목표)와 스포츠가 지향하는 국제협력, 공정성, 지속가능성을 진심으로 추구한다면, 오로지 성장을 바라며 경쟁을 부채질하는 사회의 속성을 근본적으로 바꾸고 자본주의가 가진 폭력성을 없애는 방향으로 전환해야 할 것이다.

"올림픽은 유도 보는 게 즐겁다"고 말하는 기쿠치 씨. 일본의 메달 러시를 기뻐하고 있을까? 하지만 우리는 기쿠치 씨의 강인함에 기대기만 해서는 안 된다. 우리의 일상에 녹아든 승리지상주의나 능력지상주의를 반성하지 않는다면, 그토록 목청 높여 비판한 왕따 사건의 가해자와 비슷한 사람이 되는 것이다.

남자들의 화장에 대해 생각하다
'자기다움'의 도구

멋 내기? 몸단장? 동조압력?

SNS가 보급되고 페이스북이나 인스타그램 등에 셀카 사진을 잔뜩 올리는 사람이 많아졌고, 이른바 '사진발' 좋은 앱도 많다. 그런데 솔직히 나는 그 마음을 잘 모르겠다. 나의 경우 미디어에 출연할 때 사진 찍힐 때가 있는데, 늘 뭔가 불편하고 못난 내 사진을 보면 기분이 처지기도 한다.

요컨대 나는 내 얼굴에 콤플렉스가 있는 것 같다. 외모 따위는 상관하지 않는 사회가 되었으면 좋겠지만, 현실은 그렇지 않다. 그러던 중 지인의 추천으로 읽게 된 책이 니시무라 고도西村宏堂 씨의 에세이 《정정당당히 내가 좋아하는 나로 살아가도 괜찮아》(2020)이다.

니시무라 씨는 동성애자임을 밝힌 메이크업 아티스트이자 정토종 승려이다. 직함만 보면 사람들은 머릿속이 혼란스러울지도 모르겠다. 승려와 메이크업……? 그런데 책을 읽어보면 콤플렉스를 장점으로 바꾸고, 자신답게 살기 위한 메이크업을 세상에서 실천하는 모습이 아주 멋지다. 마침 탤런트 류체루 씨나 한국 그룹 BTS의 메이크업에 관심이 생기기도 해서, 우선 나 자신의 콤플렉스도 극복하기 위해 '남자 화장'에 도전해보기로 했다. 화장법은 한국식이다.

찾아간 곳은 '한큐백화점 맨즈 오사카'(오사카시 기타구). 화장법을 가르쳐준 이는 남성용 화장품 브랜드 '파이브이즘 바이스리FIVEISM×THREE'의 부매니저 하시모토 아야코 씨. 애초에 남성용 화장품 브랜드가 [백화점] 남성관에 있는지조차 전혀 몰랐다. 손님이 그 정도로 있다는 걸까? 그런 간단한 질문을 하니, 이용 고객층은 크게 두 부류로 나뉜다고 한다. 첫째는 이번에 내가 한국식 메이크업을 해보는 것처럼 멋내며 즐기고 싶은 사람들. 다른 한 부류는 샐러리맨으로 영업직 등 상대방에게 불쾌한 인상을 주지 않으려고 단장하기 위해 화장품을 찾는 사람들이다. 토너나 로션으로 만족하던 나는 두 번째 부류였다.

파운데이션, 컨실러, 아이섀도, 립스틱까지 약 한 시간에 걸쳐 풀 메이크업을 해봤다. 시간도 품도 많이 들었지만,

피부가 깨끗하게 보이고 눈이 커 보이며 그 결과는 가히 '격변'이라 해도 좋을 정도였다. 가족의 반응도 좋아서 조금 자신감이 붙었다고 할까. 그런 느낌이다.

이렇게 말은 해도 역시나 매일 빈틈없는 메이크업을 하는 건 귀찮아서(하시모토 씨는 매일 이 정도로 화장을 한다고 하니, 존경심이 든다), 파운데이션 등 기초 아이템을 총 2만 엔 정도로 구입해서 단정한 인상을 주는 화장을 하는 생활에 도전. 지금은 수업이나 교수 모임, 강연도 온라인 중심이지만, 외출할 때는 파트너가 가르쳐주기도 해서 화장을 한다. 그리고 신칸센 열차에서는 주위의 눈치를 보면서 화장을 고쳐보기도 했다. 주변에서 화장하는 사람을 본 적이 없으니 역시 창피한 기분이 들기도 한다. 한편 TV에 출연했을 때 화장을 해준 여성한테서 "눈썹 잘 그렸네요"라는 칭찬을 받기도 했다. 요령을 알려달라고 그 자리에서 바로 부탁해보기도.

그런데 화장품 하나의 가격이 수천 엔 정도 한다. 저렴한 화장품도 있지만, 지갑에 여유가 없으면 곤란할 것이다. 남성의 메이크업 붐은 '자신감을 갖자' '더 아름답게' '깔끔하게'라는 화장품 업계의 마케팅에 속는 건 아닌가 하는 생각도 든다.

정장이 불편하더라도 많은 사람에게 일종의 매너로서 획일적으로 강요되는 것처럼, 앞으로는 화장도 동조압력同

調壓力으로 작용하게 될지도 모른다. '잘 어울리나' '마음에 들어 하나'를 생각하며 남의 눈을 신경 쓰는 생활. 그래서야 콤플렉스는 없어지지 않는다. 차라리 누구든 화장을 안 해도 되는 사회가 자유롭지 않을까?

마음의 변화가 삶의 방식을 바꾼다

그런 의문을 니시무라 씨에게 던져봤다. 그랬더니 "그건 제가 생각하는 화장이 아니에요"라며 딱 잘라 말했다. "모두와 똑같이 하고 있고 그렇게 하고 싶은 사람은 그걸로 됐죠. 확실히 세상에는 그런 목적에서 화장하는 사람도 많이 있을 거고요"라고 말하는 니시무라 씨. 그런데 사실은 남들과 똑같이 하고 싶지 않은데도 주위의 눈을 신경 쓰며 괴로워하는 사람들이 이 세상에는 있다. 그런 사람들에게 "화장은 스트레칭과 같다"고 말한다. 단순히 잡지나 TV에서 이상적으로 여겨지는 모습에 가까워지기 위해서가 아니라, 자신이 변화할 수 있는 폭을 넓히도록 깨닫기 위한 수단이라는 것이다. 샤워를 하면 화장은 지워진다. 하지만 '나 자신은 바뀔 수 있다'는 마음의 변화가 삶을 대하는 방식의 변화로 이어진다. 그것이 니시무라 씨가 화장으로 목표하는 것이다. 진짜 자신을 억압하며, 다수majority의 세상에 자신을 맞춰가는 게 화장이 아니다.

이러한 생각의 배경에는 자신의 체험이 있다. 남자의 몸으로 태어난 니시무라 씨는 어릴 적부터 자신은 여자도 남자도 아니라고 느꼈다. 하지만 란도셀[초등학생 책가방]이나 미술 도구 세트 속 물통까지도 검정/빨강, 파랑/분홍과 같이 이분법을 강요당한다. 보라색 같은 색이 있어도 좋을 텐데.

고교 시절에는 자신이 동성애자라는 사실을 들키지 않기 위해 안간힘을 다했고, 친구를 한 명도 사귀지 못해 인생의 밑바닥을 맛보는 기분이었다고 한다. 하지만 미국 유학이 전환점이 되어 뉴욕에서 메이크업 공부를 하면서 자유롭게 자기답게 살아가는 인생의 중요성을 확신했다고 한다. 자기다움을 억누르고 주위에 맞추기 위해서가 아니라, 자신이 좋다고 생각하는 가치를 주위에서 인정하도록 하는, 그런 자신감을 준 것이 화장이었다고 한다.

자기에게 가치가 있다고 자신감을 줄 것. "이것은 불교에도 공통점이 있다"고 니시무라 씨는 설명했다. 스스로 가치가 없다고 고민하는 사람들에게 "모두가 평등하게 구원받을 수 있다"고 설파한 사람은 호넨法然 스님이었다. 불교의 핵심은 괴로운 인간을 구하는 것이므로, 화장을 하든 하이

힐을 신든 상관없다. 계율을 뜻도 모르고 받아들이는 것뿐이라면 동조압력이 작용하게 된다. 니시무라 씨의 이야기는 규칙만 있어서 답답하다는 종교 이미지와는 크게 다르다.

그리고 깨달았다. 니시무라 씨가 지향하는 "누구든지 자기가 좋아하는 일을 자유롭게 할 수 있다"는 목표에서 보자면, 내가 도전한 '남성 화장'도 한 걸음 전진했다고 할 수 없을지도 모르겠다는 것을. 결국 나도 동조압력이나 주위 시선에 굴복해서 외모가 조금 돋보이게 된 자신에게 만족한 것뿐이었기 때문이다.

"본래 여성/남성 화장이라는 구분도 필요 없다"고 니시무라 씨는 생각한다. 남성이 메이크업 용품을 남성관에서 살 필요도 없다. 자기답게 살아가려는 사람에게는 '도구'에 불과한 화장에 성별은 관계없는 것이니까. 니시무라 씨가 매력적인 이유는 메이크업 솜씨가 뛰어나서가 아니라, 메이크업을 통해서 자신이 진짜로 하고 싶은 일이나 자기의 '참' 모습을 찾고, 나아가 그 힘으로 사회를 변화시키고자 하기 때문이다.

잘 써야만 하는 화장품. 화장품을 사서 그 힘으로 어떻게든 콤플렉스를 극복하려고 하는 것은 화장품의 힘에 속는 것일 뿐이다. 그러한 남성 화장은 다시금 동조압력을 만들어낼 뿐이다.

나도 그때부터는 눈썹 정도는 그리게 되었는데, 여전히 니시무라 씨가 이야기한 경지에서 보자면 좀 멀게, 단장에 머물러 있다. 그래서 이 동조압력이란 것을 돌파하기가 쉽지 않다는 점은 잘 알고 있다. 그래도 메이크업만 유일한 방법은 아닐 것이다. 다양한 형태로 강요되는 '보통'이라는 가치관을 걷어치우고, 스스로 콤플렉스를 극복한 너머에, 더 자유롭고 더 개성이 풍부한 사회의 가능성이 열릴 것이다.

무엇을 어떻게 전할까,
어린이 성교육
상대방을 존중하는 마음이 소중하다

대화할 수 있는 관계가 필요하다

네 살 아들과 목욕하고 있자니, 천진난만한 얼굴로 성과 관련된 얘기를 한다. 나는 재빨리 "부끄러우니까 그만해"라고만 말하고 다른 주제로 화제를 돌렸다.

아직 한 살인 딸도 날로 성장하고 있다. 아들에게 어떻게 반응하면 좋았을까? 딸과도 그런 대화를 하게 되어 난처한 날이 올까? 더 훗날에나 있을 일이라고 생각해 미루고 있었는데, 그때가 바로 온 것이다. 이런 나의 육아 환경도 그렇고, 최근 '성교육'에 관한 정보가 SNS에 활발히 올라와 살짝 보고 있었다. 하지만 솔직히 나는 아이들에게 어떻게 성을 가르치면 좋을지 몰랐다. 애초에 내 세대는 학교 보건체육

시간에 정말 조금 배운 정도이고, 가정에서는 성에 대해서 배운 기억이 없는 것이다.

우선 내 언어로 아이들에게 전달해줄 수 있어야 하니, 배우지 않으면 안 된다. 그래서 '성교육의 허들'을 조금이라도 낮추려고 활동하는 일반사단법인[비영리법인] 'Sowledge(소우렛지)'에 취재를 요청했다. 대표인 쓰루타 나나세鶴田七瀬 씨는 학생 시절에 북유럽에서 유학하면서 일본과 다른 성교육 방식을 배웠다. 귀국 후 2019년, 그 배움을 넓히고 일본에서 성에 대한 인식을 바꾸려고 소우렛지를 설립하고 성교육에 도움이 되는 굿즈를 개발하고 있다.

이번에는 쓰루타 씨의 해설이 붙은 소우렛지 상품 '성교육 보드게임'에 도전했다. 회의실에 모인 이는 첫돌이 아직 안 된 아기부터 일곱 살까지, 아이가 있는 기자 3명과 필자. 주사위를 흔들어 멈춘 칸에 쓰인 지시를 따르며, 목표 지점인 '성인'을 향하는 인생 게임이다. 게임에 승부를 내지 않고, 모두 함께 자기의 경험이나 생각을 공유하고 논의하며, 올바른 지식을 배우는 것을 목표로 한다.

"아이는 어떻게 생겨?" 하고 아이가 물을 때 답하는 해설이나 "열두 살까지 '섹스'라는 단어를 아는, 알게 된 사람의 비율은?"과 같은 퀴즈도 게임 도중에 군데군데 들어가 있다. "아이와 대중목욕탕에 가면 사람마다 각각 몸의 생김

새가 다르다는 것을 배울 수 있다." "다리 벌리기를 좋아하는 세 살 딸에게 '여자아이니까 그러면 안 돼'라고 나무라는 것은 어떤가?" "유치원생 아이들 사이의 키스에도 상대방의 동의가 필요할까?" 이런 발언을 계기로, 나는 초면인 기자들하고 나의 과거 경험과 육아에 관해 이야기를 나눴다. 드문 경험인데, 신기하게도 창피함이나 불쾌함 같은 불편한 마음은 들지 않았다.

거기 모인 기자와는 공통점이 있었는데, 부모인 자신들도 좋은 성교육을 받아본 적이 없고 친구들이나 만화를 통해 성 지식을 얻었기 때문에 아이들에게 어떻게 가르쳐야 하는지 명확한 답이 없었다는 점이다. 또 성을 둘러싼 사실에 대한 인식도 부족하다는 점이 드러났다.

"아동이 스스로 촬영한 영상이 성폭력으로 이어진 사건은 2015~2019년 5년간 두 배로 늘었다"와 같은 사실을 쓰루타 씨가 설명하자 모두 "그런가요~"라며 몇 차례나 탄식했다. 이것도 성에 대한 것들을 멀리해온 탓일 것이다. 게임이 끝난 후 이번을 계기로 더 알고 싶다고 스스로 느낀 게 큰 변화였다.

하지만 '성폭력 피해 비율' '응급피임약의 효과'를 알고 있더라도 그것만으로 아이 성교육으로는 좀처럼 이어지지 않는다. 지금은 인터넷 보급으로 느닷없이 성인용 영상을 보거나, 자각하지 못한 채 성폭력 피해 사건에 휘말릴 가능성도 커지고 있다. 사춘기가 되고 나서는 너무 늦다. 역시 유년기부터 잘 가르쳐야 할 필요가 있다.

알려줘야 할 '자존감'

그러려면 우선 "뭐든 대화할 수 있는 부모 자식 관계를 만들어두는 게 중요하다"고 말하는 이는 약 20년 전부터 '세 살부터 성교육'을 주장해온 사춘기 보건상담사* 도쿠나가 게이코徳永桂子 씨이다.

이번에 인터뷰를 요청하고서 도쿠나가 씨로부터 "성교육을 생식교육과 동일시해서는 안 된다. 그건 성교육을 축소하는 것"이라는 지적을 듣고 깜짝 놀랐다. 무슨 말인가?

도쿠나가 씨가 생각하는 성교육에는 '과학' '안전' '건강'이라는 세 가지 기둥이 있다. "모든 아이는 자신의 몸에 대해 과학적으로 배울 권리가 있어요. 자기 몸을 알고 소중하다고 생각할 수 있는 '자존감'을 길러나가는 것은 안전과 건

---

*   사춘기 청소년의 고민을 듣고 전문적으로 상담·지원하는 상담가로, 일본가족계획협회에서 발행하는 자격증이 있다.-옮긴이

강을 지키는 것으로도 이어집니다." 몸에 관해 바른 지식을 익히고, 서로 존중하는 인간관계를 쌓아가는 것이 성교육인 것이다. 피임이나 사후피임약 이야기만 생각한다면, 기술적·신체적인 이야기로 그치게 된다. 그러나 자신을 소중히 하고 상대방을 배려하는 것은 더욱 근원적 문제이므로 유년기부터 가르쳐야 하는 내용일 것이다.

그리고 그런 의미에서 성교육은 본래 인권교육이다. 열여덟 살 미만 모든 아동의 기본권을 국제적으로 보장하는 '유엔아동권리협약'에는 아동의 나이가 어떻든 모든 것을 배울 권리가 있다고 명시되어 있다. "부끄럽다" "아직 이르다"고 하며 부모가 제멋대로의 이유로 아동이 자기 몸을 소중히 하기 위해 필요한 지식을 빼앗는 것은 인권을 빼앗는 것이기도 하다.

도쿠나가 씨에 따르면, 예를 들어 첫돌 전부터 성교육 가이드라인이 있는 호주에서는 기저귀를 갈 때 아기가 불쾌함을 느끼지 않도록 추운 날에는 어른의 손을 따뜻하게 하라는 지침이 있다고 해서 놀랐다. "몸에 닿는 기분 좋은 터치. 상대방을 존중하는 성교육의 첫걸음입니다." 차가운 손으로 따뜻하다며 아이들을 만진 적이 있는데, 앞으로 아이들에게 사과해야겠다.

성교육이란 올바른 피임법이나 성폭력 피해 대처법을

가르치는 것이라 생각했는데, 이렇게 다양한 교육 사례가 있어서 놀랐다. 쓰루다 씨와 도쿠나가 씨 두 사람이 공통되게 지적한 성교육의 포인트는 신체의 자존감을 높여서 자기긍정감을 갖도록 하는 것이다. 자존감이 높으면 자기 몸을 지키려고 할 것이고, 또 무슨 일이 생겼을 때도 자신의 말로 부모에게 알릴 수가 있다. 게다가 다른 사람의 몸을 존중하면 성적 가해 리스크도 줄일 수 있을 것이다. 한편 자기긍정감이 낮으면 설사 지식이 있다고 해도 '내 몸 따위 어떻게 되든 상관없어'라며 자포자기하게 되거나 남에게 상처를 입힐 수도 있다.

자존감을 높이기 위해서는 [자신의 몸을] '보여주지 마라' '만지게 두지 마라'는 부정으로 가르칠 게 아니라, "이렇게 하면 소중한 부분을 지킬 수 있어, 잘했어!"라는 식으로 말해주는 게 좋다고 한다. 부정형으로만 배우면 피해가 있을 때 자기 잘못이라고 자책하게 되어 피해 사실 발견이 늦어질 수 있다고 한다.

글 첫머리에서 내 경험을 말했는데, 일단 부정적으로 반응하고 대화를 끝내려고 했던 나를 반성하면서 아이들과 대화 방식을 바꿔야겠다고 그날 밤 파트너와 이야기를 나눴다. 본래 성교육은 인격 형성에 관련된 매우 폭넓은 내용을 다루기 때문에, 실은 이미 일상에서 시작되는 것이다. 그런데도 그 점조차 깨닫지 못했다는 사실을 알고 두려움에 떨었다.

다음 날, 도쿠나가 씨가 알려준 동화책 《앗! 그렇구나. 내 몸은》(2021)을 사서 아들과 함께 읽어봤다. 몸, 배설, 생식기의 차이에 대한 아이의 직설적인 질문에 당황스러웠지만, 이 작은 아이는 앞으로 스스로 성을 선택할 가능성도 있거니와, 사회에서 그리고 자신의 사적인 감정 안에서 성에 관한 어려움, 당혹스러움과 마주할 수도 있을 것이다. 그럴 때마다 솔직히 이야기할 수 있는 관계라면 아이들을 지지할 수 있을 테고, 아이들도 친구나 파트너를 도울 수 있을 것이다.

또 신뢰할 수 있는 대등한 인간관계를 꼭 가족 안에서만 만들어갈 필요는 없다고 쓰루타 씨는 말한다. 학교, 어린이식당,* 과자가게라도 좋다. 상담할 수 있는 어른이 있어서 아이가 마음 놓고 있을 수 있는 곳을 늘려가는 것이 중요하다고 한다. 성교육은 가정뿐만 아니라 사회를 정비하는 문제이기도 하다.

이렇게 올바른 성교육을 통해 싫은 것은 싫다고 말하고, 서로 존중하며 대등한 인간관계를 길러나갈 수 있게 된

---

* NGO나 워커즈콜렉티브에서 지역사회 어린이들에게 무료나 저렴한 요금으로 음식을 제공하는 곳.-옮긴이

다. 성평등한 사회를 만들기 위해서도 성교육은 매우 중요하다. 앞으로 내 아이들이 어른이 되더라도, 이번에 배운 성교육과의 인연이 더 계속될 것 같다.

제 2 장

자본주의와
기후변화

전기, 소비할 뿐인 '고객'에서
생산하는 '시민'으로
한 사람의 작은 힘이 큰 물결로

공해와 투쟁하다

2020년 6월, 마침내 신종 코로나바이러스의 비상사태 선언이 해제되었다. 그동안 '포스트 코로나 시대의 뉴 노멀'을 만들어야 한다며 여기저기서 말이 많았는데, "목구멍만 넘어가면 뜨거움을 잊는다"는 일본 속담처럼 우리는 의외로 원래의 일상으로 금방 돌아갈지도 모른다. 그렇다. 2011년 후쿠시마 원전 사고 때처럼 말이다.

최근 친구들 사이에서 화젯거리가 있다. 해외에서는 기후변화 대책으로 2050년까지 탈탄소 정책을 내걸고, 원전뿐만 아니라 석탄화력발전소를 폐쇄하는 중이라고 한다. 특히 독일은 2022년까지 탈원전을 하고, 이에 더해 2038년까지 탈석탄을 하겠다고 나섰다. 게다가 2021년 총선에서 녹색당이 약진하여 연립여당이 구성된 결과, 이 기간이 2030년까지로 앞당겨졌다(물론 러시아의 천연가스에 의존하는 독일은 러시아-우크라이나 전쟁으로 인해 이러한 탈원전, 탈석탄 계획을 재검토해야 하지만).

이는 스웨덴의 환경운동가 그레타 툰베리의 '미래를위한금요일'로 대표되는 기후정의운동의 성과다. 그런데 일본에서는 지금도 각지에서 석탄화력발전소가 신설되고 있다. 일본의 '고성능' 기술력을 칭송하지만, 이래서는 2050년 탈탄소는 절망적이다. 세계와의 커다란 간극을 어떻게 메울 것인가? 환경 문제에 관심을 가져야 한다고 아무리 열변을 토해도 '어려울 것 같다' '변하지 않을 것 같다'로 마무리되고 만다.

물론 그 마음도 이해한다. 기후변화가 자신과 직결되는 문제라고 상상할 수 없는 것이다. 많은 사람이 현재를 살아가기 벅찬 사회에서 기후변화는 먼 나라 혹은 미래의 문제라고 느낀다. 하지만 이번 취재를 통해 나 개인에게도 원인이 있다고 반성했다. 본래 내가 상상력이 턱없이 부족하다. 이래서야 남에게 이야기가 잘 전달되지 않는 것도 당연할 것이다. 그 사실을 통감한 것이 다음 이야기다. NGO '기후네트워크気候ネットワーク' 주임연구원 야마모토 하지메山本元 씨

의 안내를 받아 석탄화력발전소 건설 금지 소송이 진행 중인 고베시 나다구를 방문했을 때의 일이다.

단지 옆에 석탄화력발전소

가깝다. '신자이케미나미新在家南 주택'의 14층 층계참에서 나온 순간, 인접한 2기의 거대한 석탄화력발전소가 너무나도 가까이 있어서 위압감을 느낄 정도였다. 거리는 불과 400미터. 게다가 옆에는 추가로 석탄화력발전소 2기가 건설 중이다.

이 단지가 있는 곳은 고베 중심부 '한신고베산노미야' 역에서 5개 역을 지나면 있는 신자이케다. 단지에는 한신대지진*의 이재민 800여 명이 거주한다. 일대는 1970년대부터 대기오염 공해지정지역**이던 공업지대인데, 지금도 대형 트럭이 빈번히 드나드는 곳이다. 바로 옆에 오사카와 고베를 연결하는 43번 국도가 있다. "대기오염이 심각해서 오

---

* 1995년 1월 17일 효고현 남부에서 일어난 매그니튜드 7.3의 큰 지진으로 한신·아와지지진, 고베대지진으로도 불린다.-옮긴이

** 공해건강피해보상법(1973년 제정)에 따라 각 지자체장이 인정한 대기오염 지역.-옮긴이

랜 기간 천식으로 괴로웠다"고 원고 중 한 명인 히로오카 유타카広岡豊 씨가 말했다. 그는 20여 년에 걸친 국가 상대 소송 재판을 통해 국도를 좁히고 디젤차 규제도 쟁취했다고 한다.

그런데 1995년 대지진 이후 이재민을 엎친 데 덮친 격으로 고베제강소가 석탄화력발전소 2기를 건설했다. 그리고 이제 추가로 2기를 신설할 예정이다(2020년 취재 시점, 2022년 현재 3호기가 영업 운전 시작, 4호기는 2022년 중에 가동 예정). 히로오카 씨는 "4기를 합치면 연간 약 1400만 톤의 이산화탄소 배출이 예상되는데, 고베시 전체의 배기량을 웃돈다. 노력하며 환경을 개선해온 곳에 왜 일본 최대 규모 석탄화력발전소를 짓는가"라고 호소한다. 이산화탄소뿐만이 아니다. 석탄 연소에 의한 PM2.5(초미세먼지)와 황산화물SOx, 질소산화물NOx 등 인체에 유해한 오염물질도 배출된다. 트럭의 배기가스, 공장과 발전소 매연 문제와 같이 예전부터 시달려온 트라우마를 후벼 파는 문제가 반세기가 지난 지금도 여전히 발생하고 있는 것이다. 더군다나 그 당사자들은 재해로 집과 가족을 잃고 마음에 상처가 있는 나이 든 분들이다.

히로오카 씨를 비롯해 주민들은 2018년 9월, 발전소 증설과 가동 금지를 요구하며 고베제강소를 상대로 소송을 제기했다. 두 달 뒤에는 적절한 환경영향평가 절차를 제대로 이행하지 않았다며 국가를 상대로 행정 소송도 제기했다. 한편 고베제강소는 재판에서 "전문가가 심사하여 환경에 미치는 영향은 거의 없다고 평가받았다"고 반론했다. 최근 몇 년간 철강 수요가 정체된 상황에서 "우리 회사가 가진 기술을 유리하게 활용할 수 있다"고 전력 수요에 주목한 고베제강소에 대해 주민들은 "모든 게 돈벌이를 위해서"라며 분개한다. 2022년 4월 행정 소송의 항소심 판결에서 1심 판결이 그대로 확정되어 주민 측은 패소했다. '기후변화를 겪지 않을 권리'는 재판에서 인정되지 않은 것이다. 그 후 주민들은 대법원에 상고했다.

자본주의의 이익 우선과 사회적 약자에게 부담 전가. 이는 공해 문제에서 늘 등장한다. 주민들은 대기오염, 지진재해, 그리고 석탄화력발전소와 끊임없이 싸워야 한다.

석탄화력발전소 신설은 본래 기후변화에 직면한 일본 사회 전체의 문제다. 본래대로라면, 에너지 가격이 치솟고 전력이 부족한 상황에서 어떻게 지속가능한 사회로 전환할수 있을지 논의해야 한다. 그런데 일부 사람들에게 그 부담을 전가하므로, '우리'에게 문제는 보이지 않는다. 나만 해도 당시 이미 오사카에서 3년을 살았지만, 석탄화력발전소가이토록 단지 가까이에 있는 줄도, 그곳에 이재민들이 사는 줄도 알지 못했다. 그리고 그 사실이 진심으로 부끄러웠다.

이렇게 가까이에 있는 사람들의 처지도 상상할 수 없는데, 먼 나라나 미래의 일을 생각할 수 있을 리 없을 테니까 말이다.

우리 사회는 전기가 없으면 아무것도 할 수 없다. 전기는 이토록 가까운데, 결국 우리가 신경 쓰는 건 전기료 정도다. 원전 사고가 났는데도 우리는 여전히 전기의 '코스트'에 대해 놀라울 정도로 무지하고 무관심하다.

그 한 가지 원인은 우리가 전력 공급에 전혀 관여하지 않는 탓일 것이다. 우리는 '고객'에 불과하다. 하지만 편리함을 만들어낸 구조가 낳은 무지와 무관심의 대가는 너무나 큰 법이다.

시민의 손길로 지역에 생기를

이 악순환을 바꾸려면 어떻게 해야 할까? 힌트를 얻기 위해 찾아간 곳은 나라현 이코마시다. 이곳을 안내해준 구스노키 마사시楠正志 씨는 전자 업체에서 정년퇴직한 후, 자신이 이코마 시민으로서 마을을 위해 아무것도 하지 않은 점을 반성했다고 한다. 이대로 연금을 받다가 죽는 건 젊은 이들에게 면목이 없다. "노인의 기술과 재산을 지역 공헌을 위해 쓰자"고 결심했다. 그래서 지인들과 함께 재생 가능 에너지를 조달하는 '시민 전력'을 계획하고, 2013년 사단법인 '시민 에너지 이코마'를 설립했다. 전력 생산을 위한 태양광 패널 설치비가 2000만 엔 가까이 됐다고 한다. 구스노키 씨 그룹은 꾸준히 설명회를 열고 시민들에게서 출자금을 모집했다. 그러자 처음에 회의적이던 사람들도 설득되어 상황이 좋아졌다. 목표 금액에 도달했을 뿐만 아니라 1호기가 성공했고, 이후에도 인기가 좋아서 2020년 6월 시점에 4호기까지 생겼다(그 후 2021년 5호기 완성 예정).

이코마시도 구스노키 씨 그룹의 운동에 동참했다. 태양광 패널 1호기 설치 장소로 시에서 분뇨를 처리하는 '에코파크 21'의 지붕에 패널을 설치하기로 한 것이다. 이코마시는 이러한 대응을 계기로 2014년 정부에서 '환경 모델 도시'로 인정받았다. 그리고 2017년에는 시가 51% 출자하는 형태로 주식회사 '이코마 시민 파워'를 설립했다. 여기에 '시민 에너지 이코마'도 출자해서 시내에서 재생에너지 전력을 판매하고 있다.*

---

* 　일본은 2011년 후쿠시마 원전 사고 후인 2016년 전력 거래 자유화로 송배전을 제외한 발전과 전력 판매 부문 전력 소매시장이 민간에 개방됐다. 소비자가 자유롭게 전력 회사를 선택할 수 있다.-옮긴이

그 이념은 이렇다. 환경친화적인 태양광 에너지를 지역에서 생산하고 소비한다. 지금까지 외부로 유출되던 전기요금이 지역으로 들어와 고용을 창출하고 지역경제를 살린다. 더욱이 전력 사업의 수익은 어디에 사는지도 모르는 주주에게 배당하는 게 아니라, 지역 활성화라는 공공의 목적을 위해 쓰이도록 한다. 현재 전력은 공공시설과 민간사업자에만 공급하지만, 이코마시는 이른 시일 내에 일반 가정에도 공급할 것을 목표로 하고 있다(이후 2020년 10월 가정 공급 실현).

시 담당자는 "자력으로 전력 공급원을 확보하도록 설치 장소 찾기, 시민에게 사업을 널리 알리는 등 과제도 많다"고 설명했지만, 나는 여기에서 지속가능한 마을 만들기를 향한 한 가닥 희망을 발견한 것 같았다. '환경' '경제' '사회'에 불러일으키는 시너지 효과다. '이산화탄소 배출 감축'만 외쳐서는 추상적이던 전력 문제가 자신과 지역 커뮤니티 생활, 환경개선에 직결되는 사업으로만 피부에 와닿는다. 이 경험은 지역의 여타 문제에도 적극적으로 참여하게 되는 발판이 될 것이다. 탈탄소를 추진하면서 지역의 문화적·사회적 역량도 높일 수 있기 때문이다. 단지 소비할 뿐이던 '고객'에서 전력과 지역의 활력을 생산하는 '시민'으로. 이것이야말로 신자유주의가 추진해온 '민영화'에서 벗어나서 '시민영화市民營化'로 대전환하는 것이 아니겠는가?

원전이나 석탄화력발전소는 대기업의 영리를 위해 주민의 의향에 반하여 건설되고 환경을 오염시키며, 그 이익은 주주들에게 배당되는데, 이런 과정과 확연히 차이가 드러난다.

"There is no alternative(다른 길은 없다)." 이것은 마거릿 대처의 유명한 말인데,[*] 우리는 자신의 힘으로 아무것도 바꿀 수 없다고 여전히 굳게 믿는 것 같다. 하지만 신자이케 단지 주민들이 가르쳐준 것은 투쟁하면 바꿀 수 있고, 투쟁하지 않으면 상대[자본]가 마음대로 할 수 있다는 현실이었다. 그리고 구스노키 씨처럼 자신을 믿고 움직이기 시작한 시민 한 사람 한 사람의 힘은 지역을 넘어, 지구 단위의 환경 문제를 움직이는 가능성 또한 지니고 있다.

---

[*] 마거릿 대처(1925~2023) 영국 총리가 민영화, 공공지출·사회복지 삭감을 통한 긴축, 작은 정부 등 신자유주의 정책을 옹호하며 1980년 인터뷰에서 한 말.-옮긴이

곤충식은 세계를 구할까

가치관의 벽을 넘어선다면

사료 효율도 영양도 높아

"완성된 귀뚜라미, 나갑니다!" 완성된 파스타에 튀김옷을 입히지 않고 바로 튀긴 귀뚜라미를 뿌린다. 하야미 모코미치速水もこみち의 특기로 잘 알려진 "올리브유, 추가!"*가 아니라, '귀뚜라미, 추가!'이다.

충격적인 광경이 펼쳐진 곳은 나라의 헤이조궁 터 근처에 있는 레스토랑. 자칭 '곤츄버 가즈키'라는 긴키대학 3학년생(현재 동 대학원 농학연구과 1학년) 시미즈 가즈키清水和輝 씨

---

* 배우 하야미 모코미치는 TV 요리 프로그램에서 요리를 완성한 후 항상 올리브유를 뿌리는 것으로 알려졌다.—옮긴이

가 유튜브에 올린 곤충식 동영상에 출연했을 때 일이다. 가즈키 씨는 레스토랑 셰프 가와베 슌川辺瞬 씨의 협력을 얻어 밤낮으로 새로운 곤충식 레시피 개발에 힘쓰고 있다. 이날 맛본 메뉴는 귀뚜라미 파스타, 귀뚜라미 육수로 만든 카레, 귀뚜라미 가루로 만든 스콘인데, 그야말로 귀뚜라미 풀코스였다.

'무슨 벌칙이라도 받는 건가' 하고 생각하는 사람도 있을지 모르겠다. 나도 '벌레를 먹는다'고 하면 반발심이 든다. 그렇다, 도시에서 자란 내게 벌레는 역시 불쾌하다. 어릴 적에는 장수풍뎅이나 매미를 좋아했지만, 언제부턴가 벌레라고 하면 거미와 바퀴벌레의 혐오스러운 이미지가 깊이 자리 잡고 말았다.

그런데 이제 곤충식이 세계적으로 주목받고 있다. 일본에서도 2020년 5월 '무인양품' 브랜드를 운영하는 양품계획이 귀뚜라미 센베이를 출시했는데, 당일 완판으로 화제가 되었다. 그런데 왜 귀뚜라미일까? 센베이 재료로 사용하는 귀뚜라미 양식장이 도쿠시마에 있다고 해서, 6월 하순에 도쿠시마현 나루토로 향했다.

도착하니 밖에서 봤을 때는 귀뚜라미 양식을 하는 것처럼 보이지 않는 평범한 회사 건물이다. 하지만 안내를 받아 안으로 들어가니 그곳에 사육실이 있었다. 어떤 장면이 펼쳐질지 긴장하며 사육실 문을 열자 우선 독특한 냄새가 코를 찔렀다. 실내 온도는 약 30도 정도지만 제습이 잘되어서 그런지 불쾌감은 없다. 방 안에는 옷을 넣어두는 것 같은, 어디서나 볼 수 있는 플라스틱 수납 상자 200개 정도가 빽빽이 늘어서 있다.

상자 속을 들여다보니, 까맣게 빛나는 벌레들이 바스락바스락 움직이는데 왠지 바퀴벌레가 연상되어 움찔했다. 한 상자에 쌍별귀뚜라미가 무려 1000마리씩 들어 있는 것이다. "암컷이 한 달에 1000개 정도 알을 낳는데, 약 한 달 지나면 성충이 됩니다. 이 상자가 곧 수확할 귀뚜라미고요." 곤충 과학을 전공하고 일본 국내에서 식용 귀뚜라미 양식에 성공한 도쿠시마대학 와타나베 다카히토渡邊崇人 조교가 말했다.

와타나베 씨 그룹은 2019년 5월 도쿠시마대학에서 출발한 벤처기업 '그리라스'(귀뚜라미의 학명 Gryllus)를 창업하고, 본격적으로 귀뚜라미 양식업을 운영한다. 회사 슬로건은 "귀뚜라미로 지구를 구하자!"이다.

이 목표는 결코 허황된 것이 아니다. 곤충식을 통해 지속가능한 식량 생산을 실현하는 것은 유엔식량농업기구FAO에서 진지하게 검토하고 있는 사안이다. 앞으로 기후변화의 영향으로 폭염, 가뭄, 홍수 등이 유례없는 규모로 세계적으로 발생할 것이고, 이것이 농업이나 축산업에 파괴적인 피해를 일으킬 것으로 예측된다. 더욱이 2030년까지 86억 명으로 늘어날 인구폭발이 있다. 식량 생산 증가는 온실가스를 늘린다. 기후위기와 식량위기의 악순환이다. 식량자급률이 낮고 폭염과 태풍에 노출된 일본도 결코 남의 일이 아니다. 이 구세주가 바로 귀뚜라미라는 것이다.

그 이유가 "사료 효율이 높기 때문"이라는 와타나베 씨. 예를 들어 소는 체중 1킬로그램을 늘리는 데 곡물 약 10킬로그램과 물 2만 2000리터가 필요하다. 반면 귀뚜라미 1킬로그램은 곡물 1.7킬로그램과 물 4리터만 있으면 된다. 고단백 저당질, 건강에 좋은 불포화지방산도 풍부하다. 게다가 방목해야 하는 소와 다르게, 귀뚜라미 사육면적은 매우 아담하다. 삼림 벌채도 전혀 필요 없다.

또 먹이로 콩비지나 밀기울과 같은 식품 찌꺼기를 사용하면 쓰레기를 줄이면서 식물성 탄수화물을 동물성 단백질로 바꿀 수 있다. 게다가 사육할 때 나오는 곤충의 배설물은 농사지을 때 비료로 쓸 수 있다고 한다.

"일본의 기술, 멋지다! 이걸 꼭 SDGs(지속가능발전목표)로 삼고 식량위기와 기후변화로 고통받는 아프리카에 수출하면 좋겠다"는 목소리가 들리는 것만 같다. 그런데 이번에 와타나베 씨의 이야기 중 가장 감명 깊은 것은 '그래서는 안 된다'는 태도였다.

즉 "일본인이 먹고 남은 음식을 이용해 일본인이 먹지 않는 곤충을 만들어 수출하는 것만으로는 친환경이라는 명목으로 개발도상국에 '쓰레기'를 떠넘기는 것에 지나지 않는다". 일본에서 일본인이 먹는 '맛있는 귀뚜라미'를 만들어 진정한 순환형 경제를 이룬다. 그게 목적이라 한다.

하지만 '맛있는 귀뚜라미'가 있을 수 있나? 이미 모순적이지 않은가? 와타나베 씨가 준 맛이 별로 느껴지지 않는 말린 귀뚜라미를 입에 넣으면서 속으로 생각했다. 확실히 의외일 정도로 고약한 냄새와 떫은맛이 없고 오히려 구수한데, 그렇다고 맛있냐고 묻는다면 아무래도 새우 센베이가 더 낫다.

그래서 '맛있는 귀뚜라미' 먹는 법을 찾아서 서두에 쓴 레스토랑으로 향한 것이었다.

생김새는 꺅! 맛은 새우?

가즈키 씨는 고등학생 시절 선생님이 가져온 벼메뚜기를 먹어본 일을 계기로 곤충식에 관심을 가지기 시작해 메뚜기, 잠자리 등 다양한 곤충을 먹어왔다고 한다. "곤충은 지역성과 사계절을 느낄 수 있는 풍부한 식재료입니다. 하지만 그대로 먹기에는 거부감이 있는 사람도 많아요. 곤충식은 맛있어야 해요"라고 가즈키 씨는 의욕이 가득하다.

이날, 가장 부담 없이 먹기 쉬운 음식은 스콘이었다. 가루가 되니 모양도 상관없고, 별다른 자극도 없는 맛이라 신경 쓰이지 않는다. 누군가 말해주지 않는다면 귀뚜라미가 들어가 있다고는 눈치채지 못할 것이다. 반면 카레에 사용한 육수에는 귀뚜라미 엑기스가 응축된 느낌으로 뒷맛이 강하게 남는다. 이것은 호불호가 갈릴 것 같다. 파스타는 귀뚜라미가 눈에 보이니, 맛보다는 모양에서 오는 임팩트가 있다.

하지만 전부 맨 처음 심리적 장벽을 극복하고 한 입 먹어보면, 생각보다 '평범'했다. '벌칙' 이미지와는 거리가 멀다. 물론 음식은 여유롭게 다 먹었다. 그날 밤, 집에서 저녁으로 아이들이 좋아하는 새우볶음을 먹었는데, 귀뚜라미 맛이 떠올라 살짝 소극적이 되었는데, 그만큼 맛이 비슷하다는 뜻이다.

새우와 귀뚜라미의 차이는 뭘까? 내가 아는 독일인은 새우를 먹기 싫어한다. 마찬가지로 일본에서 곤충은 개나 고양이와 같은 동물과 달리 인간에게는 '타자' '적'이 되었다. '해충'인 것이다.

하지만 그것이 반드시 일본에서 인간과 곤충의 관계성

은 아니다. 예를 들어 귀뚜라미는 한자로 '蛬(귀뚜라미 공)', 즉 '(인간과) 함께 있는# 벌레虫'라고 쓴다. 실제로 동남아시아의 곤충 식문화는 인간과 곤충의 또 다른 관계성을 시사한다.

물론 현대 일본에서는 나가노의 벼메뚜기* 등을 제외하면, 곤충 식용은 비일상적 경험이다. 그렇지만 그 비일상성은 벌레가 친숙했던 과거의 일상을 억압하고 식생활을 서구화하며 만들어진 것으로 보인다. 코로나 사태의 '슬로다운'[속도 늦추기]을 계기로 가까운 곳에 주목하고 그곳에 있는 곤충을 먹어봄으로써 현재 일상의 비일상성, 즉 또 다른 사회의 가능성을 알아차리게 된다. 이 깨달음이 곤충식의 매력이라고 가즈키 씨도 말한다.

곤충을 주식으로 하기는 분명 어려울 것이다. 하지만 그 가치관을 완전히 뒤집을 수 있는 맛있는 요리를 찾는다면 '귀뚜라미로 지구를 구할' 날이 올지도 모른다. 그만큼의 활약을 앞으로의 가즈키 씨에게 기대한다.

---

* 나가노현에서는 벼메뚜기를 조림하여 먹는 관습이 있고, 진미로 알려져 있다.－옮긴이

배양육은 미래의 히든카드?

어떻게 먹거리를 바꿀까

푸드테크의 최전선으로

빌 게이츠가 미국 최대의 농장주가 됐다고 한다. 보도에 따르면 그가 소유한 농장의 면적은 무려 10만 헥타르. 왜 마이크로소프트 창업자가 농업인가? 실은 그는 '임파서블 푸드Impossible Foods'라는 식물성 대체육을 개발하는 벤처기업에도 많이 투자하고 있다. 게이츠가 주목하는 것은 인구증가와 기후변화에 의한 식량위기의 미래다. 그에 맞서기 위해 자본가는 유전자 변형 식품이나 인공육이라는 새로운 먹거리를 개발하고, AI(인공지능)와 IoT(사물 인터넷)를 활용한 하이테크 농업을 통해 새로운 비즈니스 기회를 노리는 것이다. 그 너머에서 기다리고 있는 미래는 VR[가상현실] 고글을 쓰고 3D 프린터로 제조된 음식을 입에 넣으면 합성향료에 의해 마치 '이미 멸종된' 참치나 장어를 실제로 먹는 듯 느끼도록 할, 그야말로 '임파서블'한 세상일지도 모르겠다.

한편 먹거리의 하이테크 상품화가 진전되고 투기 열기가 높아지거나 대기업에 의한 독점이 진행되면 식량 가격이 크게 치솟을 가능성도 있다. 그러면 생활의 바탕을 위협받지 않을까? 지인들에게서 그런 우려의 목소리도 들려온다. 그래서 11월 중순에 푸드테크의 최전선을 찾아 배양육 메뉴를 개발하는 음식점 '운카쿠雲鶴'(오사카시 기타구)를 방문했다. 듣자 하니 미쉐린 스타를 받은 가이세키 요리의 명가라고 한다. 귀뚜라미를 먹었을 때보다 기대가 크다.

곧장 주방장 시마무라 마사하루島村雅晴 씨가 준비해준 배양육을 봤다. 그런데 상상한 모양과는 전혀 달랐다. 스테이크 같은 고깃덩어리가 아니라, 가로세로 약 1~2센티미터의 매우 얇은 살점 조각이다. 그런데도 현재 몇십만 엔이나 한다는 얘기를 들으니 접시를 든 손이 떨렸다. 이날은 소량의 배양육을 양파와 버섯을 섞어 둥근 경단 모양으로 조리해준다고 한다. 시마무라 씨가 달궈진 프라이팬에 굽기 시작하니, 고소한 고기 같은 향이 식욕을 돋운다. 채소와 함께 담아내고 소스를 뿌려주면 완성. 과연 미쉐린 셰프다. 순식간이었다. 물론 겉으로도 맛있어 보이고, 자, 실제로 먹어볼까 했는데……

　"배양육은 일본에서는 아직 법이 정비되지 않아서, 유감스럽게도 드실 수 없습니다"라고 말하는 시마무라 씨. 지금은 배양육 판매를 승인한 싱가포르에서만 먹을 수 있다고 한다. 눈앞에는 미쉐린 셰프가 만든 진귀한 배양육 일품요리가 놓여 있다. 하지만 참을 수밖에. 취재로 '특혜'를 받아보자는 계획은 실패했다.

　여기서 문득 의문이 생겼다. 시마무라 씨는 어떻게 해서 현재 먹을 수 없는 재료로 미래의 요리를 시도하고 있는 걸까? 사실 시마무라 씨는 단순한 요리사가 아니다. 2020년 재생 의료regenerative medicine 전문가와 제휴하여 배양육 개발 벤처기업 '다이버스 팜Diverse Farm'을 창업, 부사장으로 직접 연구개발에 종사하고 있다. 그것도 이 음식점 건물 3층에서. 계단을 올라가니 연구소 같은 공간이 펼쳐진다. 점심 영업이 끝나면 여기서 연구한다고 한다. 그리고 직접 만든 배양육을 요리 개발에도 쓰고 있다고 한다.

　그러면 우리는 언제쯤이면 배양육을 먹어볼 수 있을까? 흰 유니폼에서 다른 흰 유니폼으로 갈아입은 시마무라 씨에게 물으니, "가능하다면 2025년 (오사카·간사이) 엑스포까지 법 정비를 이루고 더 저렴한 대규모 생산체제로 바꿔나가고 싶다"고 포부를 밝혔다. 그렇지만 "모든 육류 점유율이 배양육으로 대체되면 좋다고는 생각하지 않는다"고 단언한다. 필요한 생선을 구하기 어려워지는 등 "환경 문제의 중대함을 피부로 느끼고 나서, 요리사로서 할 수 있는 일이 무엇인지 생각했다"고 창업 이유를 설명한다. "내가 배양육 개발을 하는 것은 실은 기존의 고기를 계속 먹고 싶어서다. 음식 선택의 폭을 넓히고, 더 균형 잡히고 지속가능한 사회를 목표로 하고 싶다"는 것이 시마무라 씨의 희망이다. 맛있는 음식을 만들겠다는 요리사의 마음은 물론 두말할 나위 없다. 나도 꼭 한번 먹어보고 싶다는 마음이 솟아난다.

기술 과점과 안전성에 대한 우려

한편으로는 믿기지 않는 기분도 든다. 정말 그렇게 '그럴듯한' 이야기가 있을까 하고 말이다. '동물의 권리를 보호한다.' '환경에 주는 부담이 적다.' 이런 그럴싸해 보이는 이야기에는 '함정'이 있지 않을까? 그렇게 경종을 울리는 이는 식량과 농업 문제에 밝은 NPO법인 '민간벼농사연구소民間稻作研究所'* 상임이사 인야쿠 도모야印鑰智哉 씨다. 오늘날 생태계

---

*   1997년 발족한 NPO로 무농약, 유기농법을 보급하기 위한 연구 활동

의 위기는 "사회가 자연의 시스템에서 멀어졌기 때문이다"라고 인야쿠 씨는 지적한다. 햇빛을 이용해 풀이 광합성을 하고, 소가 목초를 먹고, 그 분뇨가 토양을 풍요롭게 하는 순환이 자연에는 본래 존재한다. 적정한 규모가 유지된다면, 그것은 지속가능한 축산의 조건을 충족시킨다.

이러한 자연의 순환을 파괴한 것이 공장식 축산이다. 자연이 회복하는 속도를 훨씬 초과해서 숲을 개간하고, 밀집된 장소에서 대량의 가축을 사육한다. 그 결과 외부에서 대량의 사료를 투입하게 되어, 농지가 더 필요하다. 또 대량의 분뇨는 자연의 힘으로는 분해되지 않는 오염물질이 된다. 현대의 자본주의 시스템은 이러한 자연의 순환하는 힘을 훌쩍 뛰어넘어 인간과 자연의 물질대사에 '회복할 수 없는 균열'을 낳는다고 경고한 이는 독일의 사상가 카를 마르크스였다.

확실히 공장식 축산과 비교하면 배양육이 환경에 주는 부담은 적다. 하지만 순환의 균열을 완전히 회복시키고 있느냐 하면, 그건 아니다. 인야쿠 씨는 "세포를 배양하기 위한 영양분 공급원은 끊임없이 외부에서 투입된다. 그 공급원에 사용하는 식량을 생산하기 위해 토지를 빼앗길 리스크도 생

을 하고 있다. https://www.inasaku.org.-옮긴이

배양육은 미래의 히든카드?   **105**

길 수 있다"고 우려한다.

　게다가 특허에 의한 독점 문제도 있다. 배양육을 만드는 메커니즘을 물어봐도 핵심적인 세부 사항은 '기업 기밀'로 알려주지 않는다. 실용화가 진행되어도 비밀은 특허로 보호받게 될 것이다. "콩과 인터넷이 있다면 누구나 만들 수 있다"고 인야쿠 씨가 예로 든 두부하고는 큰 차이가 난다. 소수의 기업이 배양육 생산기술을 독점한다면, 내가 무엇을 먹을지 결정할 힘을 대기업이 완전히 장악하게 된다.

　처음에 배양육은 그 희소성이나 높은 가격 때문에 고급 레스토랑에서 일부 부유층만 기호품으로 먹을 수 있을지도 모른다. 하지만 보급되어 희소성이 사라지면 일부러 찾아 먹으려고 하지는 않을 것이다. 기후변화가 진행되면서 오히려 희소성이 높아지는 것은 '진짜' 고기이기 때문이다. 그러면 사정이 달라져 서민이 배양육을 먹게 될 것이다. 배양육 기술은 글로벌 애그리비즈니스Agribusiness(농업 관련 산업)에 의해 독점되고, 값싸게 생산해서 수익을 내기 위해 먹거리의 안정성이 위협받을 가능성도 있다. 이건 디스토피아일 것이다.

　실제로 취재하면서도 '모든 게 망상은 아닐까' 하는 생각을 지울 수가 없었다. 좀 더 현실적으로, 예를 들어 고기 섭취량을 절반으로 줄인다고 가정하면, 인간이 먹을 수 있는 곡물은 증가한다. 소비량을 반으로 줄인 만큼, 공장식 축산에서 나오지 않은 '좋은 고기'에 두 배 가격을 내면 된다. 그리고 지역마다 제철 채소를 먹으면 좋지 않겠는가? 그렇게 하면 우리가 이미 가진 수단[자원]으로 지구에 가하는 부담을 줄일 수 있으니까.

배양육 보급을 위한 대책 검토를 위해 2020년 발족한 기업연합* '세포농업연구회細胞農業研究会' 사무국장 후쿠다 미네유키福田峰之 씨(다마대학 룰형성전략연구소 객원교수)에게 이런 반론을 제기하니, "그건 디플레이션[경기후퇴] 사상"이라며 일축했다. 한때는 많은 분야에서 세계 최첨단 기술을 보유하던 일본은 지금 그 지위를 잃었다. 그런 가운데 "배양육에는 일본이 선도할 기회가 있다"고 후쿠다 씨는 말한다. "얼마 남지 않은 경제성장의 프런티어를 갖기 위해 안전성 확보, 판매 시 식품 표기, 기존 축산업과의 공존과 같은 과제를 협의해서 국제적인 규칙 만들기를 주도해나가고 싶다"고 전망했다.

후쿠다 씨의 얘기를 들으니, 국내 경제 활성화의 기폭제로 식물 기반 대체육을 선택하지 않은 이유를 잘 알 수 있

---

* 일본햄, 닛신식품 홀딩스 등 20개 기업과 연구기관이 참가한 조직.-옮긴이

었다. 콩 등을 이용해 고기를 재현하는 것은 기술적으로도 그 장벽이 낮다. 일본에도 이제 막 나오기 시작했는데, 벌써 슈퍼에 다양한 종류가 진열되어 있다. 그렇게 누구나 쉽게 따라 할 수 있다면 새로운 시장은 금방 포화 상태에 이르고 말 것이다.

하지만 꽤 고도의 기술이 필요한 배양육의 경우, 복잡해서 그렇게 되지 않는다. 더욱이 배양할 수 있는 것은 닭고기나 소고기에 한정되지 않는다. 후쿠다 씨는 밍크 털이나 악어가죽과 같은 고급 소재도, 아니 그 정도가 아니라, 판다나 오랑우탄뿐만 아니라 공룡, 매머드 고기까지도 배양할 수 있다고 내다봤다. 그렇지만 며칠 전에 본 얇디얇은 배양육 조각이, 이를테면 애니메이션 속 원시인이 매머드를 해치우고 잡아먹는 '식용육'이 되기까지는 100년 이상 걸리지 않겠느냐는 생각이 들고 말았다.

나는 채식주의자는 아니지만, 이번 취재를 하며 왜 인간은 배양까지 해서 햄버거를 먹고 싶은 것인지 잘 모르게 되었다. 더군다나 오랑우탄 배양육이라니. 그저 평범한 식탁을 지키고 싶을 뿐인데, 자본주의는 그런 평범한 행복조차 좀처럼 허락하지 않는다.

동물과 관계 맺는 방식
일본의 식생활을 직시하다

인간의 편의로 생겨난 유해동물

눈앞에 사슴 사체가 산처럼 쌓여 있고, 지독한 악취를 풍겼다고 한다. "충격이었죠. 이 상황을 방치해서는 안 되겠다, 이를 알게 된 사람에게 책임이 있다고 생각했어요." 창업한 이유를 이렇게 말하는 이는 가사이 다이키笠井大輝 씨다. 그는 사슴 피해로 골머리를 앓는 교토부 가사기초에서 사슴 사냥부터 도축, 판매까지 하는 회사 '리소셜RESOCIAL, リソーシャル'의 대표이사다. 류코쿠대학에 재학 중이던 2019년, 같은 수업을 듣던 세 친구가 창업한 것이 이 회사의 시작이다.

'학생 창업'이라고 하면 IT나 이벤트 업계와 같은 도시의 화려한 업종을 떠올리기 쉽다. 하지만 그들은 자유롭지 않은 시골에서 사냥의 세계에 발을 들여놓았고, 벌이가 안될 것 같은 사슴 고기를 판매한다. 해설가로 출연한 적이 있는 MBS(마이니치 방송)의 보도 프로그램 〈민트!〉에서 그들의 활동을 알게 되어 갑자기 관심이 생겨 취재를 신청했다.

가사기초의 인구는 약 1200명. 저출산 고령화와 인구 과소화가 진행되는 이 지역에서 유해동물 피해 대책에 힘쓰는 그들의 사업은 단순하게 돈벌이가 목적이 아니다. 사회문제를 비즈니스로 해결하는 것을 목표로 하는, 말하자면 '소셜 비즈니스'이다. 류코쿠대학에서 지역가치창조론 수업을 듣던 세 사람은 원래 사냥에 관심이 있던 게 아니었다. 수업 대외 활동으로 교토부 교탄고시를 방문했을 때 서두에 쓴 광경을 보고 충격을 받았다고 한다. 시의 시설이 처리할 수 있는 능력을 초과한 수의 사슴이 포획됐기 때문에 한곳에서 한꺼번에 처분되었던 것이다.

사슴이 그토록 늘어난 원인으로는 온난화, 인구 감소, 늑대의 멸종 등이 있는데, 결국 전부 인간의 탓이다. 또 너무 많아지니 이제는 '유해동물'로 처분한다. 이 부조리함 앞에서 가사이 씨는 스스로 나섰다. 함께 현장을 방문했던 에구치 노도카江口和 씨, 야마모토 가이토山本海都 씨와 함께 대학 3학년 봄방학에 도쿠시마의 유명한 정육점에서 고기 해체 연수를 했다.

여성인 에구치 씨는 당시 "왜 사냥 같은 것을 하느냐"며 부모님 반대에 부딪혔는데, 남자만 있는 엽우회[사냥 모임]에서도 "여자는 오지 마라"는 말을 들었다고 한다. 전통적 관습을 중시하는 수렵의 세계에는 '마을 부흥'을 위해 찾아온 도시 젊은이들에 대한 불신도 있었을 것이다. 또 오래된 문화의 영역에 사업 거리를 갖고 오는 것에 대한 반발도 있었을 것이다. 그렇지만 "생명을 먹는 일에 성별은 관계없고, 직접 하지 않으면 현재 상황은 바뀌지 않을 것"이라 결심하고, 주변을 설득했다고 한다. 처음 해체 작업을 참관했을 때는 "눈물이 멈추지 않았다"고 밝혔는데, 생명을 쓸모없이 쌓아놓고 버리던 그 풍경은 지금도 에구치 씨와 친구들을 분발하게 한다. "하다못해 맛있게 먹을 수 있다면 좋겠어요."

문제는 일본의 식문화다. 물론 우리 대부분은 고기를 많이 먹고 있다. 아니, 너무 많이 먹고 있다고 하는 편이 맞겠다. 일본 국내에서는 연간 약 8억 2000만 마리를 도축하여 식육 처리하기 때문이다. 게다가 수입한 고기도 있다. 그런데 이것은 소, 돼지, 닭 이야기다. 사슴은 아무도 거들떠보지도 않으니까. 그런데 무엇보다 놀라운 사실은 이렇게 많은 가축이 죽는데도 사람들의 대부분은 일상에서는 가축을 볼 일이 없다는 현실이 아닐까? 마치 살아 있는 가축은 존재하지 않았던 것처럼 말이다.

이 비정한 무관심이야말로 식육산업에 큰 왜곡을 만들어내고 있다. 공장식 축산에서 동물들은 바깥의 빛도 보지 못하고 분뇨와 항생제로 범벅되고 비좁은 우리 안에서 매일 억지로 사료를 배 속에 집어넣고 있다. 한편 인기 없는 사슴고기는 먹을 수 있는 상태라 해도 쓰레기처럼 버려진다.

이번에 사냥을 주제로 다루고 싶다고 생각한 또 한 가지 이유가 있다. 이 책 3장 〈모두 아무렇지도 않게 혐오발언을 한다〉에 등장할 '노숙자네트워크' 대표 이쿠타 다케시生田武志 씨가 쓴 《생명에 대한 예의》(2019)를 읽었기 때문이다. 이쿠타 씨는 공장형 축산에 의해 동물의 생명을 지배하면서 인간은 동물에게 평생에 걸친 고통을 계속 주는 잔혹한 시스템을 만들었다고 비판했다. 그런데도 보이지 않는 탓에 우리는 동물들의 고통을 상상할 수도 없다. 다른 동물에 대한 인간의 우위성은 공장식 축산을 기반으로 한 육식문화로 완성되는 것이다.

이와 달리, 사냥할 때는 우리가 자연을 지배하는 압도적인 존재가 아니라, 동물과 직접 대치하고 동물이 느끼는 고통도 마지막 한순간으로 한정한다. 결과적으로는 인간이 이용하기 위해 죽이지만, 그래도 사냥에는 '생명에 대한 예의'가 있다고 이쿠타 씨는 말한다. 그 예의를 나도 체험해보고 싶었다.

그래서 리소셜에 부탁해서 사슴 사냥에 동행하게 됐다. 세 사람은 평소 아침부터 점심까지 40여 곳에 설치한 포획 틀을 차로 확인하며 돈다. 설치 장소는 민가 근처부터 산간부까지 마을 전역에 이른다. 이날 취재에서는 사슴이 잡혀 있기를 바라는 마음과 그렇지 않은 마음이 미묘하게 교차하는 가운데, 작은 수사슴 한 마리가 포획된 광경을 볼 수 있었다.

눈앞의 현실을 직시하고 받아들이기

수풀을 헤치며 산길을 오르니 '쩔그렁쩔그렁' 소리가 들린다. 사슴이 좁은 틀 안에서 경중경중 뛰고 있다. 가사이 씨가 틀 밖에서 앞다리를 금속 와이어로 묶고, 야마모토 씨가 틀 안으로 들어간다. 당연히 사슴은 겁에 질려 도망가려고 필사적으로 몸부림친다. 야마모토 씨는 사슴 다리에 걸어차이면서도 익숙한 손놀림으로 다리를 밧줄로 묶는다. 나라 공원에 있는 사슴밖에 본 적이 없는 나는 처음으로 그렇게 비통한 울음소리를 듣고서 조금 슬픈 마음이 들었다. 왜 굳이 생포하는 것일까?

사슴 고기가 인기가 없는 것은 딱딱하고 냄새난다는 이

미지가 강하기 때문이다. 그래서 리소셜에서는 사슴을 생포해 피를 빼고 재빠르게 해체하는데, 근막을 꼼꼼하게 처리해서 이 문제를 극복했다. 게다가 제대로 숙성시켜서 감칠맛 성분을 증가시킨다고 한다.

자, 묶어놓은 사슴을 경트럭에 싣고 돌아와 마침내 해체 작업을 시작한다. 피를 술술 빼기 위해 물로 몸을 식히는데, 접착테이프로 눈을 가린 사슴은 밤새 포획 틀에 갇혀 있어 목이 말랐는지 안간힘을 다해 호스에서 나오는 물을 들이켠다. 그리고 끝내 때가 되었다. 야마모토 씨가 곧바로 사슴의 경동맥에 칼을 찔러 넣는다. 사슴은 한순간 애처로운 비명을 지르더니, 이내 조용해졌다. 심장은 아직 뛰고 있어서 피가 줄줄 흘러나온다.

피를 다 뽑아내면 매달아 절개해서 내장을 꺼내고 가죽을 벗긴다. 여기까지 하니, 꽤 '고기' 같다. 나도 작업을 조금 도왔는데, 근막을 떼면서 고기를 해체하는 작업은 힘도 필요하고 시간도 든다. 모든 공정을 마치는 데 약 세 시간. 매일 사슴을 포획·해체하는 일은 '창업'이라는 단어가 가지는 화려한 이미지와는 전혀 다르게, 생명과 마주하는 성실한 작업이었다.

당연하게도, 우리는 다른 생물의 생명을 취하며 살아간다. 하지만 그 생명이 어떤 것인지, 공장식 축산에서는 보이지 않는다. 그런데 가축의 고통을 알게 된 지금, 육류 소비를 줄이지 않을 수 없다.

한편 동물보호라 해도 유해동물을 방치할 수도 없다. 인간은 얼마나 이기적인 존재인 걸까? 적어도 그 책임은 진지하게 받아들이고 싶다. 자연을 '제어'하는 것은 '지배'는 아닐 것이다. 사실 사냥은 동물과 맺는 관계 방식이 축산과는 다르다. 그런 의미에서 리소셜 젊은이들이 제안한 지비에gibier*는 전통적이지만 새롭다. 현대 일본인의 식탁에 놓인 어둠을 보이게끔 하고, 반성을 촉구하는 문제 제기인 것이다.

---

* 　원래 프랑스어로 '사냥한 고기'라는 뜻인데, 일본에서는 기후변화, 환경위기로 늘어난 멧돼지를 비롯해 사슴 등의 야생동물을 사냥해 식육처리시설에서 처리하고 유통하는 식육업의 의미로 쓰인다.-옮긴이

'재활용' '윤리적 생활'이란 거짓말
옷을 '버리지 않을' 수 있을까

재활용의 실체에 다가가다

'지속가능한 생활을 하자'—코로나 사태로 단숨에 확산한 SDGs(지속가능발전목표)의 대합창 속에서, '지속가능한 sustainable' '윤리적ethical'이라는 단어가 TV나 잡지에서 유행하게 됐다. 그 철학에는 공감하지만 어쩐지 짜증스럽다. 이렇게 생각하는 사람도 많지 않을까? 우선 육아를 하며 일을 하고 있으니, 그런 걸 신경 쓸 여유가 도무지 없다. 진심으로 하려면 여러 가지로 돈도 든다. 부자들에 대한 부러움인가? 아니, '거짓말 같은' 것도 사실이다.

아무리 유기농 채소를 먹고 오가닉 코튼으로 만든 옷을 입고 있어도, 프랑스에서 수입한 와인과 치즈를 식탁에 차

려놓고 내일부터 해외 출장이니 미리 충전해두는 것과 같은 생활은 지구 환경에 큰 부담을 준다. 요컨대 '세심한 생활ていねいな暮らし'*이란 환경에 주는 부담에 대한 양심의 가책을 외면하기 위한 '면죄부'가 된 게 아닐까?

그렇다고 해서 내가 성인聖人처럼 사는 건 아니다. 패션을 예로 들어보면 알기 쉽다. 주로 재택근무 중심으로 외출하지 않는 날이 늘어난 지금은 패스트 패션을 일상복으로 입는다. 과거에는 세일 상품을 무심코 산 후에 결국 거의 입지 않은 적도 있다. 그런 우리를 위한 '면죄부'가 재활용recycle이다. 아시아나 아프리카 사람들을 위해 아직 입을 수 있는 옷을 '기부'하자는 것. 그러면 새 옷을 사는 죄책감도 희미해진다……

일정한 품질 기준을 만족하는 옷을 개발도상국에 저렴하게 제공하는 재활용이나 재사용reuse은 분명 괜찮은 아이디어로 보인다. 하지만 실제로 옷이 그 후 어떻게 되는지 본 적이 있는 것은 아니다. 그래서 그런 수요에 기대어, 우리 일본인은 자신에게 필요 없는 '쓰레기'를 떠넘기는 측면도 있지 않은가? 이번에 각 가정과 기업에서 헌 옷을 수거해 수출

---

* 환경에도 좋고 사람도 기분 좋은 생활을 하자며 유기농 제품 등을 홍보할 때 자주 쓰는 문구.-옮긴이

과 판매를 전부 담당하는 간사이 지역 재활용업자를 취재하여 드러난 것은, 바로 '면죄부'가 가진 마이너스 측면이었다.

도착한 현장에서 무엇보다 나를 일단 압도시킨 것은 그 양이다. 거대한 창고 안에 옷이 문자 그대로 산더미로 쌓여 있었다. "옷이 바뀌는 환절기에는 하루 최대 100톤을 처리한다"고 담당자가 공장을 안내하면서 설명해줬다. 견학하고 있는 동안에도 컨베이어 벨트에 쉴 새 없이 대량의 옷이 쏟아지고 있다. 파트타임 여자 직원들이 수작업으로 그것을 정성스레 선별하는데, 종류와 소재별로 분류한 옷 덩어리가 빼곡히 쌓여간다. 그 절반 정도가 헌 옷으로 아시아와 아프리카에 수출된다고 한다.

공장에 반입된 물량은 연간 5000만 벌 이상. 한 업체 물량으로 이 수치다. 그런데도 "우리 회사를 포함해, 재활용되는 헌 옷은 전체 중 불과 25% 정도"라고 담당자가 설명한다. 나머지는 소각 처리된다는 것이다. 이를 두고 일본에서는 '서멀 리사이클thermal recycle'(열에너지 재활용)이라 부르는데, 일종의 사기다.

그런데 여기서 진짜 문제는 낮은 재활용률이 아니다. 아무리 생각해봐도, 애초부터 물량이 너무나 많다. 아프리카에서도 이렇게 대량으로 옷을 넘겨받으면 민폐일 것이다 (BBC의 가나 관련 영상*을 인터넷에서 보길 바란다). 게다가 실상은 우리가 대량의 '쓰레기'를 개발도상국에 떠넘기고 있는 것인데도, 쓰레기를 '상품'으로 팔고 있다고 말한다. 결국 재활용이라는 이름을 붙인 것이 전혀 '지속가능하지 않다'는 점이 현재 방식의 가장 큰 모순이다.

실제로 패션산업이 환경에 주는 부담은 굉장한데, 세계 2위의 오염산업으로 꼽힌다.[**] 면화 재배로 인한 토양오염, 대량의 물 사용, 화학섬유에 의한 미세 플라스틱 오염, 그리고 개발도상국에서 노동자 착취. 게다가 이런 경향은 패스트 패션에 의해 급격하게 가속되고 있다. 거품경제기[1980년대 중후반]에 비하면, 의류 공급량은 연 20억 벌에서 40억 벌로 두 배 늘어난 정도인데 매출은 15조 엔에서 10조 엔 정도로 감소했다. 단가가 내려가면 브랜드도 수익을 내기 위해 옷을 과잉으로 만들어내야 한다. 경쟁은 심해져서 만든 이의 마음도 헛되게 세일로 덤핑 판매되고, 싸게 산 옷은 쉽게 버려진다.

---

[*] "Fast fashion: The dumping ground for unwanted clothes"(BBC News) https://www.youtube.com/watch?v=MHnDqelUh-4.-옮긴이

[**] 유엔무역개발회의UNCTAD에 따르면, 환경오염이 심각한 산업 1위는 석유, 2위는 패션이다.-옮긴이

미나 페르호넨, 감속과 경영의 공존

　제대로 된 윤리적 패션의 힌트를 찾고자 방문한 곳이 효고현립미술관(고베시 주오구)에서 열리는 패션 브랜드 '미나 페르호넨minä perhonen'(약칭 미나)의 전시회 〈계속하다つづ〈〉이다. 1995년 브랜드 설립 이래 보편적 가치를 지닌 옷을 제안하고 있는데, 세계에 팬이 많다. 디자이너 미나가와 아키라皆川明 씨가 장인과 개발한 오리지널 원단은 아름답고, 그만큼 가격은 세지만 오랫동안 입고 싶은 옷만 있다. 패스트 패션과 반대 지점에 있는 철학에 흥미를 느껴 취재를 요청했다.

　근사한 옷이라는 생각이 들면서도 전시회에서 미나에서 만든 흰 셔츠를 입고 농사를 짓거나 외국풍의 세련된 집에 사는 여성들의 모습을 담은 영상 작품을 보면서는 솔직히 유행처럼 번지고 있는 '윤리적 삶'에 대한 반감이 들기도 했다. 하지만 정곡을 찌른 미나가와 씨의 한마디가 나의 의심을 풀어주었다. "결국 재활용되지 않는 편이 더 '지속가능한' 것이죠."

　가장 간단하고 효과적인 '에코'[친환경] 방법은 뭘까? 재활용하지 않는, 즉 버리지 않기이다. 전시회에서 소개된 말이 인상적이다. "최신 테크놀로지나 기계를 사용하지 않아도 해결할 수 있는 일이 있다. 그것은 때로 수고로운 일이다." 미나에서는 봉제공장에서 나온 자투리 옷감을 모두 회수해 다른 물건을 만들 때 활용한다고 한다.

의류 업계는 '트렌드'를 좇아 '신상품'과 '구상품'이 구별되지 않을 정도로 비슷한 옷을 시즌마다 대대적으로 출시한다. 생산 현장에서 원가절감을 단행하는 한편, 콜라보레이션 마케팅이나 광고홍보비는 불어난다. 그 결과 소비자가 필요로 하지 않는 상품을 사게 된다면 아무도 행복하지 않게 된다.

미나는 광고를 거의 하지 않고, 패션쇼도 하지 않는다. 세일도 하지 않는다. 옷을 긴 시간 입도록 수선에도 응한다. 그렇지만 언제까지나 긴 세월 동안 옷을 입는다면, 기업 입장에서는 매출 감소 리스크가 아닐까? 그렇게 솔직한 질문을 던지니, 미나가와 씨는 "지구상에는 우리 회사의 생산력으로는 따라가지 못할 정도로 많은 (주 고객) 여성이 있어요. 그런 측면에서 걱정하지 않고 만들고 있다"고 답한다. 멋지다!

감속과 경영의 공존. 여기에는 성장만을 목표로 하지 않는, 또 다른 경제의 싹이 움트고 있다. 그렇지만 한 기업의 규모로는 패션 업계 구조 자체를 바꿀 수는 없고, 대기업이 미나의 비즈니스 모델을 도입하기도 어려울 것이다. 이것이

무한 성장을 추구하는 자본주의의 한계다. 환경보전과 경제 성장 두 가지는 서로 양립할 수 없는 것이다. 그런데도 두 가지에서 좋은 점만 골라내어 개인 노력 여하에 따라 마치 실현 가능한 것처럼 선전하는 기만, 이것이야말로 '윤리적 생활'이란 문구가 나를 아주 짜증스럽게 하는 이유이다.

플라스틱을 쓰지 않는 생활에 도전하다
불편함을 마주한 체험

즐겁게, 긍정적으로

2020년 7월부터 비닐봉지가 유료화되어 여러모로 논란이 일었는데, 이제 에코백을 들고 다니는 사람이 확실히 늘었다. 그런데 이것이 플라스틱을 줄이는 데 얼마나 의미 있는 행동일까? 슈퍼에도 편의점에도 페트병이나 플라스틱으로 포장된 제품만 즐비하다. 구입한 물건을 넣는 마지막 단계에서 얇은 비닐봉지 한 장 안 쓴다고 한들 해결이 될까. 용기나 포장재 등에 방대한 플라스틱이 여전히 쓰이고 있다. 이 정도의 SDGs(지속가능발전목표)로는 환경위기에 처한 현실에 등을 돌린 채 뭔가 하는 척만 하는 셈이다. 그래서 나는 전작 《지속 불가능 자본주의》에서 "SDGs는 대중의 아편이다!"라고 썼다.

실제로 내 생활에 얼마나 많은 플라스틱이 넘쳐나는가? 개인의 노력만으로 플라스틱에 의존하지 않는 생활이 가능할까? '쓰레기 제로 생활'을 전파하는 환경운동가이자 농부 겸 번역가인 핫토리 유이치로服部雄一郎 씨의 지속가능한 삶을 알고 나서, 전부터 흥미가 있던 플라스틱 제로 생활에 도전해보기로 했다. 핫토리 씨가 번역한 책《플라스틱 프리 생활》*을 참고했다.

1일째. 벌써 절망감이 엄습한다. 끼고 있는 안경 렌즈가 플라스틱. 옷도 화학섬유라서 플라스틱이 섞여 있다. 컴퓨터 키보드도 플라스틱이라서 키보드를 못 쓴다면 일도 할 수 없다. 주변에 있는 플라스틱을 한꺼번에 없애기란 불가능하다. 마음을 고쳐먹고, 일단 앞으로 새로운 플라스틱 쓰레기를 만들지 않도록 하자고 규칙을 정했다. 이렇게 나의 플라스틱 프리 생활이 시작됐다.

2일째. 플라스틱 트레이가 생기지 않게 하려고, 집에 있

---

* Chantal Plamondon, Jay Sinha, *Life Without, Plastic*, Page Street Publishing, 2017.-옮긴이

던 플라스틱 용기와 신문지를 들고서 근처 시장으로 갔다. 우선 생선가게. 플라스틱 용기에 포장된 회를 사고 싶은 마음을 꾹 참고, 한 마리 통째로 파는 금눈돔, 꽁치, 바지락을 샀다. 가게에는 내가 플라스틱을 안 쓰노라고 사정을 말하고서 미리 갖고 간 용기에 넣어달라고 부탁하니, 가게 사람이 당황하면서도 흔쾌히 응해주었다. 이어서 채소가게. 쉬울 줄 알았는데 보니까 예상 밖에 채소가 미리 플라스틱 포장에 담겨 있다. 어쩌지? 당근, 버섯, 소송채를 사려 했는데 못 사고, 플라스틱 없이 그냥 나와 있는 토란, 파, 배추를 신문지에 싸달라고 했다.

　　시장 상인들과 다 얼굴을 아는 사이인데도, 모든 가게에서 이해해준 건 아니었다. 정육점에서는 "왜 그러는 거야? 플라스틱 알레르기라도 있어?"라고 물었다. 살 때마다 설명하고서 갖고 간 큰 플라스틱 용기를 꺼내니까 주변의 눈이 신경 쓰인다. 줄을 서 있으면 뒤에서 기다리는 사람이 빨리하라고 하는 듯해서 압박감도 크다.

　　3일째. 일회용 랩 대신 밀랍을 녹여 헝겊에 스며들게 적셔서 만든 수제랩[밀랍랩]이 좋다고 알게 되어, 재료를 사러 바삐 나섰다. 그런데 매장에는 플라스틱 용기에 든 밀랍밖에 없어서 한숨이 나온다. 어쩔 수 없이 사서 만들어봤는데,

열에 약해서 지저분해지고, 쓰기가 불편해서 실망했다. 트위터에 불평을 써서 올리자, "냉장고에 음식 보관할 때는 쓸수 있어요"라고 몇 차례나 조언한다. 따뜻한 마음에 감동받아 그 기세로 수제랩을 3개 정도 만들었는데 역시나 잘 사용할 수가 없다⋯⋯

4일째. 저장식품이 떨어졌다. 된장, 커피콩, 파스타면도 없다. 알아보니 집 근방에 된장공장이 있어서 전화해 부탁했더니 갖고 간 용기에 된장을 넣어주었다. 상업시설 [체인마트] '이온'에서는 커피콩이 종이봉투에 담긴 것을 발견하고 기뻤다. 커피를 볶는 사이에 파스타면을 사러 갔다 오니 종이봉투에 담긴 커피콩이 투명하고 얇은 비닐봉지에 또 담겨 있어서 풀이 죽는다. 이런 비슷한 일이 두부가게에서도 정육점에서도 일어났다. 모두가 비닐봉지를 지나치게 좋아하는 게 아닌가? 그랬다, 조금만 마음을 놓으면 플라스틱이 빈틈을 노려 생활에 들어와 있다!

육아에 과자는 필수품인데 과자 때문에 애를 태우고 있다. 차를 타고 20분 정도 과자공장까지 가서 과자의 양을 재서 내게 팔아달라고 부탁했는데, 소량 판매는 하지 않는다고 거절당했다. 집에서 쿠키나 케이크 등을 만들 시간도 없다. 한동안 애들 간식은 사과랑 데코폰[한라봉]뿐이었다.

5일째. 좋아하는 버섯은 아무리 찾아봐도 비닐팩에 들어 있는 것뿐이다. 이렇다면 집에서 키울 수밖에 없다. 인터넷에서 표고버섯 재배 키트를 주문했다. 그런데 이번에도 플라스틱 포장으로 배달을 받았다.

7일째. 뭐 하나를 사더라도 평소보다 몇 배나 시간이 걸리는 이 생활에 좀 지친다. 조언을 구하려고 플라스틱 프리 생활의 선배 오오쓰카 모모나大塚桃奈 씨한테 이야기를 들었다. 오오쓰카 씨는 2003년에 '제로 웨이스트(폐기물)'를 선언한 인구 약 1500명의 마을 도쿠시마현 가미카쓰초에서 2020년부터 살고 있다. "플라스틱 프리 생활을 하면서 나도 그런 일이 있었어" 하고 서로 실패담을 나누며 분위기가 무르익었다. 내가 부담이 크다고 약한 소리를 했더니, "참기만 해서는 지속가능하지 않다. 어떻게 하면 긍정적으로, 주변 사람도 즐겁게 이 생활에 동참시켜 나갈지가 중요하다"고 말하는 오오쓰카 씨.

그런데 제로 웨이스트 마을에서도 플라스틱 프리 생활은 어렵다고 한다. "지금 세상은 쓰고 버리는 걸 전제로 만든 상품이 대부분이다. 물건을 생산하는 단계부터 그런 사고방식을 바꿔야지, 소비자만 궁리를 해봤자 한계가 있다." 고령화가 진행된 마을에서 플라스틱 없는 생활이 거꾸로 얼마나 큰 부담이 되는지에 관한 이야기도 인상적이었다. 가령 [일회용인] '종이 기저귀'도 실제로는 합성섬유와 폴리머라는 고분자가 섞인 화석연료 제품이다. 모두가 천 기저귀 시절로 돌아가는 건 어렵지만, 기저귀가 환경에 주는 부담은 크다.

8일째. 장보기가 수월해졌다. 하지만 한정된 식재료로 메뉴를 생각하는 게 번거로워서 닭튀김 메뉴만 늘었다. 생산과정에서 대량으로 온실가스를 배출하는 고기 소비를 줄이고 싶은데…… 고기 소비와 플라스틱 프리 생활의 트레이드오프tradeoff. 지속가능한 생활은 어렵다. 생선가게에서 플라스틱 트레이 위에 놓인 회를 "서비스"라며 내줬는데, '내가 산 건 아니니까' 하며 싱글벙글 받아들었다는 걸 고백해야겠다.

10일째. 버섯이 부쩍 잘 자라서 큰애가 기뻐한다. "즐겁게 하는 게 중요하다"는 말을 곱씹어본다. 식생활에서 플라스틱 프리는 한계가 보이기 시작해서 다른 영역에서 해보려고 말털에 대나무로 된 칫솔, 또 천 기저귀도 준비했다. 새지 않고 잘 마르며 소재는 화학섬유지만, 어쩔 수 없다. 오래 쓴다면, 쓰고 버리는 것보다 나을 것이다. 하지만 새 칫솔은 닭는 느낌이 뭔가 부족하고, 천 기저귀는 애가 뭔가 불편한지 싫어해서 다시 일회용 기저귀를 쓰기 시작했다. 한 걸음 나아갔다가 한 걸음 후퇴한 느낌이다.

15일째. 오전에 있던 큰애 유치원 재롱잔치가 예상보다 길어져서 예정한 일을 할 시간이 없어서 급한 대로 컵라면으로 끼니를 때웠다. 플라스틱 프리도 시간 여유가 있어야만 할 수 있는 것이다.

끝없는 수고와 비용

열심히 한 결과 쓰레기양이 70%는 줄었다고 생각한다. 하지만 너무나도 큰 에너지와 시간이 들어간다. 일을 마치고 돌아오는 길에 가게에서 뭘 사려 해도 담아갈 플라스틱 용기가 늘어나니, 가게에 들를 수가 없다. 애용하는 생협에서 먹거리 배달을 받고 있었는데, 운반용 포장이 많아서 주문하지 못하니, 육아하는 세대는 플라스틱 프리가 괴롭다. 또 비닐랩을 사용하지 못해서 냉동보관을 못하니 장보기 횟수도 늘어난다. 작은 물품 하나를 사려 해도 슈퍼에 놓인 기성품을 사지 못한다. 종이팩에 들어간 달걀이나 유리병에 들어간 과즙 100% 주스는 비싸다. 줄이지 못하고 남은 플라스틱 쓰레기 30%로 인해 죄책감이 계속 생긴다.

나는 환경에 관한 책도 썼고, 가족이 도와주기도 하니까 앞으로도 할 수 있는 범위에서 플라스틱 프리 생활을 계속하려 하지만, 바쁜 가정에서는 불가능에 가깝지 않을까? 또 이것이 바로 환경 문제를 개인의 노력으로 환원할 때 생기는 문제점이기도 하다. '한 사람 한 사람의 노력이' 필요하다고는 해도 개인, 가정마다 애초에 할 수 있는 노력에 차이가 있다. 이미 생활에 여유가 있는 사람은(그리고 이런 사람의 생활은 때때로 환경에 주는 부담도 크니까) 친환경으로 생활을 계속 전환해나가야 할 것이다. 하지만 다양한 사정이 있어서 할 수 없는 사람도 많다. '환경은 개인의 노력에 달린 것'이라는 말로 이미 존재하는 격차를 보이지 않게끔 하거나, 이런 말로 친환경 생활을 하지 못하는 사람들한테 죄책감을 심어줘서는 안 될 것이다. 개인이 할 수 있는 것에는 격차가 있기 때문에, 개인의 의식이 아니라 사회를 바꿔나갈 필요가 있다.

세계는 지금 플라스틱 프리를 향해 움직이기 시작했다. 2021년 여름부터 독일에서는 일회용 플라스틱 사용이 전면 금지되었다. 금지 정책은 일반적으로 '과격하다'고 여겨져 인기가 없다. 금지에 따른 여러 영향이 일부 특정 사람들에

2장. 자본주의와 기후변화

게 편중되지 않도록 유의해야 할 필요가 있다. 그런데 지금까지 플라스틱의 편리함은 환경에 비용을 전가함으로써 얻은 것에 지나지 않으므로, 사람들이 한번 금지라는 불편함을 겪기를 강요당할 때 생겨날 진정한 혁신에 기대하고 싶다.

학생들, '기후 부정의'에
파업하다
잘못된 일에는 목소리를 낸다

'신뢰할 만한 어른'이 없는 일본

'기후위기에 항의해서 일본 최초로 학교 파업을 시행하니, 취재해달라.' 2021년 10월 초, 메일 한 통이 도착했다. 보낸 이는 '미래를위한금요일 일본지부FFF, Fridays For Future Japan' 멤버. 정부가 기후변화 대책에 더욱 위기감을 가지고 대응해야 한다고 목소리를 높이고 있는 청년단체다. 단체의 이름은 스웨덴 환경운동가 그레타 툰베리가 금요일에 학교에 가지 않고 국회의사당 앞에서 연좌농성을 벌인 데에서 유래했다.

현재 기후위기는 지체할 수 없는 상황이며, 가뭄과 폭염, 폭우 등 기상이변의 리스크는 앞으로 급격하게 증가할 것이다. 대책을 게을리해서 일어나는 돌이킬 수 없는 변화로 인해 어른보다 훨씬 큰 피해를 볼 이들은 아이들이다. 그러나 정작 그 피해 당사자인 아이들은 선거권이 없다. 정책을 고령자에게 맞추기 쉬운 '실버 민주주의'* 문제도 있다. 실상 일본 국내에서는 기후변화에 관한 관심이 낮아, 2021년 10월 중의원 선거에서도 전혀 쟁점이 되지 않았다.

자신들의 미래가 위기에 처했는데, 학교에서 미래를 위해 공부하는 의미가 있는가? 아니, "더 싸워야 한다"고 미래를위한금요일 센다이지부의 세이노 가나淸野華那 씨를 비롯한 젊은이들이 '진정한 배움'을 요구하며 학교 파업을 결정했다. 사실 해외와 사정이 달라 일본에서 미래를위한금요일이 '파업'을 외친 시위는 이번이 처음이다. "강한 표현을 쓰고 학교를 쉬면 과격하다고 여겨 사람들이 멀리할 수도 있다"고 우려했다고 한다. 그래서 '기후행진'이라고 내건 시위로 방과후에 항의 활동을 해온 것이다. "사회운동이 없다면 이 사회는 더 못 쓰게 된다. 더군다나 저항하는 운동을 만드는 것 자체가 현 상황에 대해 절망한 젊은이들에게 희망이

---

* 노년을 뜻하는 '실버'와 '민주주의'를 붙인 일본어 조어로, 고령화에 따라 유권자 비율 중 노인 인구가 늘면서 노년층의 정치적 영향력이 증대하는 현상을 뜻한다.-옮긴이

된다"고 세이노 씨는 주장한다.

기후변화에 관한 세계 동시다발 시위가 벌어진 10월 22일, 센다이로 가서 미래를위한금요일의 항의 활동에 참가했다. 아침 10시, 역 근처 공원에 모인 이는 10명 정도. 그중에는 후쿠시마에서 온 대학생과 센다이 시내 고등학교를 다니는 학생 2명도 있어서 놀랐다. 직접 쓴 피켓에는 "기후 부정의를 멈춰라"라고 적혀 있다. 항의 활동은 스미토모상사住友商事와 자이카JICA(일본국제협력기구) 등이 방글라데시 마타바리*에서 추진하는 대형 석탄화력발전소 사업에 반대하는 시위인데, 이날은 스미토모상사와 자이카에 대한 요구와 '글로벌화와 경제'를 주제로 한 공부 모임을 공원에서 진행했다.

석탄화력은 이산화탄소 배출량이 많아 세계적으로 문제시된다. 방글라데시는 기후변화에 따른 해수면 상승으로 국토를 잃고 있는 나라다. 그런데 총액 1조 엔이 넘게 들어가는 거대 프로젝트는 기업에 거대한 이익을 가져다준다. 이것을 '개발도상국 지원'이라고 부르면서 석탄화력발전소를 건설하는 데에 대해 현지에서도 반대 목소리가 나오고 있다고 한다. 한편 스미토모상사는 《마이니치신문》의 취재

---

*　방글라데시 동남부 치타공주에 있는 섬.-옮긴이

에 "본 안건은 방글라데시 정부의 장기적인 에너지 계획을 보더라도 실현할 필요가 있다. 안정된 전력 공급이 앞으로 경제성장을 뒷받침해줄 것"이라고 설명했다.

도호쿠대학 2학년생인 세이노 씨는 원래 빈곤과 노동 문제에 관심이 많았고, 이러한 문제를 해결하기 위해 정부 관료가 되어 경제성장의 길을 모색하는 것을 목표로 했다. 그런데 공부하면서 경제성장에서의 '비용'을 인식하게 되었다. 즉 선진국이 더 많은 경제성장을 추구하면서, 개발도상국의 자원과 노동력을 빼앗고 있다는 것이다. 개발도상국 사람들은 대량의 이산화탄소를 배출하지 않는데도 기후변화의 영향을 가장 먼저 받는다. 그들은 선진국의 정치적 의사 결정에 관여할 수도 없다. 이것이 '기후 부정의'이다. "노동 문제나 환경 문제를 연결해서 생각하지 않으면, 미래 사회를 구상할 수 없다. 그때 기후변화 문제는 지렛대가 될 수 있다고 생각했다"고 세이노 씨는 말한다.

그런데 왜 지금 파업하는 걸까. 대화하는 편이 더 좋지 않느냐는 소리가 들리는 것 같다. 하지만 현장에 가보니 그 이유가 보였다. 스미토모상사도 자이카도 담당자들은 "저희 담당이 아니라서 모른다"고 할 뿐이다. "기후변화를 멈추려면 석탄화력발전소를 건설해서는 안 된다" "현지에서는 여러 가지 문제가 발생하고 있다"고 아무리 항의해도 "알지 못한다" "모르겠다"는 말만 되풀이해서 반론을 펼치려고 준비하던 시위대를 맥 빠지게 한다. 무슨 말을 해도 먼 나라 국회의 질의응답에서 보던 것과 같이 '답변할 수 없습니다'만 반복되니, '대화가 중요하다'는 민주주의의 좋은 말 따위는 통하지 않는 현실을 실감하게 된다.

미래를위한금요일의 활동에 처음 참가한 고등학생 시바타 고야 씨는 그 후 번화가에서 열린 연설에서 이렇게 말했다. "일본 사회의 존재 방식을 자기들만 좋으면 된다, 지금만 좋으면 된다는 생각으로 바라보면 전혀 좋아질 리가 없겠죠. 우리에게는 후세를 배려하는 정치, 사고방식이 필요합니다." 진심 어린 힘찬 연설이었는데, 코로나19 긴급사태 선언이 해제되어 쇼핑에 바쁜 사람들에게 얼마나 전달되었을지는 솔직히, 옆에서 듣고 있어도 불확실했다.

그런 어른들의 반응을 보고서 학교를 쉰 것을 후회한 건 아닌지 걱정됐는데, "오늘 당장 사회가 변하지 않지만, 나는 변했다. 더 공부해서 우리의 목소리를 들어줄 수 있는 어른이 되고 싶다"고 말하는 시바타 씨. 다른 참가자들도 "무관심이 가장 큰 적이다. 변하지 않는다고 말하기만 해서는 정말 아무것도 변하지 않는다" "목소리를 내는 한 걸음을 내디딜 수 있어서 좋았다"고 연이어 믿음직스러운 답을 들려주었다.

다음 세대를 배려하는 정치와 사고방식을

지금 세계에는 1995년 이후 태어난 'Z세대'를 중심으로 젊은이들이 기후변화 외에도 젠더격차나 인종차별 등을 해결하려고 적극적으로 발언하는 분위기가 고조되고 있다. '제너레이션 레프트Generation Left'(좌파 세대)라는 말이 있을 정도도. 일본에서도 2021년 10월 말 선거에 투표하라고 호소하는 유명한 젊은이들의 동영상이 화제였다. 하지만 낮은 투표율은 그대로이고, 미래를위한금요일의 항의 활동 참가자도 유럽이나 미국에 비하면 굉장히 적다.

왜 일본과 해외의 유권자는 이 정도로 의식차가 나는 걸까? 미국에 거주하는 Z세대로 이 문제를 잘 알고 있는 다케다 다니엘 씨에게 이야기를 들었다. 10대 시절 몇 년간 일본에서 생활한 다케다 씨는 "일본에서는 연공서열이 있어서 어른들 마음에 드는 일밖에 할 수가 없는"데, 미국에서는 "어른은 할 수 없는 것을 해보자"는 분위기가 있다고 지적한다. 게다가 본인이 가진 자원과 힘을 젊은이들이 계속 활용할 수 있도록 돕는 '신뢰할 만한 어른'도 있다고 말한다. "Z세대라면 가치관을 중요시한다고 저는 생각해요. 그것은 누구에게든 지속가능하도록 미래를 향한 최선의 선택을 고르기 위해 노력할 수 있는 가치관입니다." 그러니까 이 가치관은 세대에 국한되지 않는다. 일본에 부족한 것은 이러한 새로운 가치관을 배우고 함께 행동하려는 어른들의 자세가 아니겠는가?

어른들이 일본의 젊은이들에게 그레타 툰베리처럼 좀 더 행동하라고 탄식하는 건 자유지만, 미래를위한금요일이 '학교 파업'이라는 말을 피하는 이유는 우리 어른들이 만들어낸 사회의 분위기 때문이다. 이 점을 반성하지 않고, 젊은이들이 사회에 변화를 불러오도록 기대만 하는 것은 어른들의 독선적인 책임 전가에 불과하다.

지금 일본 사회의 폐색감閉塞感[중압감]은 근본적으로는 아부하며 부탁하는 식으로 우리가 살아온 모습의 한계가 아닐까? 어른들은 정치가에게 알아서 기고, 상사에게 아첨하며, 아이들은 어른들의 뜻에 따른다. 이래서야 강자가 살기 좋은 사회는 언제까지나 바뀌지 않는다.

그리고 항의 활동은 결코 무의미하지 않다. 미래를위한금요일과 환경NGO가 스미토모상사의 주주총회에서 주주로 참가해 건설 중지를 제안하는 등 활동 성과가 나고 있다. 스미토모상사는 2022년 2월, 마타바리 석탄화력발전에 대해 이미 건설 중인 1~2호기는 건설하되, 3~4호기 건설에는 참여하지 않겠다고 발표했다.

우리는 모두 당사자

차별에 허덕이는 노동자들
내 문제로 생각하자

끊이지 않는 노동 상담

"차별하면 안 된다." 이런 말은 단지 듣기에만 좋은 말이라고 생각하는 사람이 있을지도 모르겠다. 혹은 차별을 없애고 싶지만 뭘 해야 좋을지 모르겠다고 고민하는 사람도 있을 것이다.

해외에서 10년 넘게 살면서 나도 여러 차별을 받은 적이 있다. 파티에서 백인하고 다툼이 벌어졌는데 경찰이 나만 체포한 적도 있고, 룸메이트에게 "네가 아시아 사람이라서 새로운 룸메이트가 안 구해지는 거야"라는 말을 대놓고 들은 적도 있다. 그때 유학하던 대학 측에 고충을 알렸지만 문제의 원인이나 책임 소재가 흐지부지되어 정말 억울했던 심정이 지금도 생각난다. 그럭저럭 그 나라 말을 할 수 있는 편인데도 말하는 데 불리해서 사태의 심각성을 잘 전달하지 못했고, 구슬리는 말만 듣게 되는 것이다.

그래도 내 체험은 일본에서 일하는 외국인노동자들의 고생에 비하면 나을 것이다. 10월에 NPO법인 '노동상담.com'*(사무국 기후시 소재)에서 운영하는 쉼터 '외국인노동자구제지원센터'(기후현 하시마시)에 취재를 하러 갔다. 외국인기능실습생 15명이 지원을 받고 살고 있다. 외국인노동자는 일을 잃고 살던 기숙사에서 쫓겨나면, 저금이 없고 일본어도 못하고 의지할 수 있는 사람도 없어서 순식간에 힘들어진다. 그런데도 일본에 오려고 알선업자한테 수수료로 낸 비용이 빚으로 남아 있어서 고향에 돌아갈 수도 없다. 그런 외국인노동자들을 일시적으로 보호하는 곳이 이 쉼터다.

기능실습생** 문제는 "시급 300엔 위법노동" "여권 압수"부터 시작해서 심한 경우에는 "폭행으로 뼈가 부러졌다"

---

* 2013년 설립되어 노동자의 고용환경, 노동조건 등을 상담하고 정보를 제공하는 NPO.-옮긴이

** 주로 베트남인, 중국인, 필리핀인, 인도네시아인, 태국인 등의 외국인을 일본에서 취업할 수 있도록 하는 제도(1993년 도입)로 부족한 일본의 노동력을 채워왔으며, 열악한 노동환경 등으로 인권침해 논란이 계속되어왔다. 한국에서 '외국인 고용허가제' 도입 전 2004년까지 운영되던 '외국인 산업연수생' 제도와 유사하다.-옮긴이

는 뉴스도 심심치 않게 보도되고 있다. 기능실습생 여성이 혼자 출산했다가 사산하고 '시체유기'죄로 유죄 판결을 받은 가슴 아픈 사건***을 기억하는 사람들이 많을 것이다. 2020년 노동기준감독서에서 1년간 현장조사를 했는데, 기능실습생 고용 사업장에서 70%가 노무, 안전 관리 관련 법령 위반을 확인했다고 한다.

섬유업이 번창한 기후현에는 외국인노동자가 많다. '메이드 인 저팬' 옷은 인기가 좋지만 그 옷을 만드는 이들은 외국인 기능실습생이다. 실제 메이드 인 저팬인데 몇천 엔 정도인 옷을 본 적 있을까? 기능실습생들은 코스트 삭감의 '도구'이고 실제로 코로나 위기 불황 속에서 '고용의 조절 밸브'****가 되어 해고되기도 했다.

쉼터에서 베트남인 여성 2명에게 이야기를 들을 수 있었다. 한 사람은 직장 동료와 싸웠는데 분풀이로 억울하게 물건을 훔쳤다는 누명을 쓰고 사측과 문제가 불거졌다. 그

*** 2020년 11월 구마모토현 귤 농장에서 일하던 21세 베트남인 여성이 쌍둥이를 사산하고 시신을 박스에 넣어두었다가 시신유기 혐의로 기소된 사건. 기능실습생이던 여성은 귀국 조치를 받을까 두려워 임신을 숨긴 채 일하다가 사산했고 1심, 2심에서 유죄 판결을 받았으나 2023년 3월 대법원에서 무죄 판결을 확정했다.–옮긴이

**** 기능실습생, 비정규직, 파트타임직 등이 경기 불황 때 기업의 코스트 삭감을 위해 고용을 조정하는 완충 역할을 한다는 뜻.–옮긴이

후 회사에서 준비해둔 퇴직신청서에 사인하라고 한 것 같다. 퇴직신청서에 사인하면 석 달간 실업보험 급여가 나오지 않는데, 일본어를 못하는 두 사람은 회사에서 하라는 대로 하고 말았다.

NPO법인 '노동상담.com'의 전무이사로 이 쉼터를 운영하는 기타지마 아즈사北島ぁづさ 씨에 따르면, 일본 전역에서 매일 노동상담이 밀려와서 마치 두더지게임같이 대응하고 있는데 이 문제를 해결하면 금세 저 문제를 해결해야 해서, 돕는 데 한계가 있다고 한다. "노동법에 따라 일본인과 똑같이 대우하라고 기능실습법에 확실히 정해놓았다. 하지만 일본 기업들이 기능실습생을 낮은 존재로 본다"고 기타지마 씨는 어려움을 털어놓았다. 문제를 해결하려면 일본인의 "사회통념을 바꾸는 수밖에 없다".

그렇다면 어떻게 해야 할까? 몹시 피곤해 보이고 일본어도 전혀 못하는 기능실습생 여성을 보니 사실 앞으로 문제 해결 전망을 찾아볼 수가 없었다.

쟁의 활동으로 본 빛

그런데 10월에 노동조합 '종합서포트유니온総合サポートユ

ニォン'*(사무국 도쿄도 세타가야구)에서 가나가와현에서 벌인 쟁의 활동에 동행했을 때 나는 다른 시점을 갖게 되었다.

쟁의를 하던 당사자는 캄보디아에서 와 현재 일본 국적을 취득한 우치다 요코 씨(가명)다. 일본어, 영어를 비롯해 4개 국어를 하는 우치다 씨는 식품가공 회사에서 외국인기능실습생을 통역하는 일을 했다. 그런데 몇 년 전 감리단체**직원들이 실습생 8명을 캄보디아로 강제로 귀국시킨 사건이 발생했는데, 그때 우치다 씨는 캄보디아인 실습생들에게 상담을 해줬다. 그런데 이런 이유로 직장에서 괴롭힘, 폭언 등 일터괴롭힘Power Harassment***이 시작됐다고 한다.

"빨래 등 본래 맡은 통역 업무하고는 동떨어진 육체노동을 강요당했다"는 우치다 씨. 일터괴롭힘에 항의하는 문서를 상사에게 제출하자, 상사는 받지 않고 쓰레기통에 버렸다고 한다.

결과적으로 그는 정신질환을 얻게 되어 휴직했다. 그러

자 이번에는 근무 일수가 부족하다는 이유로 무기 고용전환 직전에 해고되고 말았다. 설상가상으로 남편도 코로나 감염이 확대된 영향으로 실직했다. 자녀 2명은 부모가 일하고 있지 않다는 이유로 보육원에서도 쫓겨나게 생겼다. '외국인'이라는 점뿐만 아니라 '여성'이기도, '비정규직'이기도 한 '삼중차별'에 직면한 우치다 씨의 괴로운 처지 앞에서 나는 말을 잃었다.

그래도 우치다 씨는 포기하지 않았다. 종합서포트유니온의 도움을 받아 해고 취소 건으로 단체교섭을 신청한 것이다. 교섭 첫날에는 긴장하고 괴로웠던 지난날들이 떠올라 상태가 안 좋아져 주저앉는 일이 몇 차례나 있었다. 그래도 파트너와 강제귀국된 동료들이 온라인으로 단체교섭에 참가해 우치다 씨를 격려했다. 그러자 우치다 씨는 "성실하게 힘껏 일했는데 말도 안 되는 소리 말라!"고 눈물을 흘리며 단체교섭에 나온 사측 부장에게 호소했다. 그 자리에 있던 모두가 우치다 씨의 기세에 복받쳤다. 그리고 쟁의 활동 직후에 해고가 철회되었다. 일터괴롭힘 문제 인정, 동료들의 강제귀국 문제는 남아 있지만, 한 걸음 전진했다.

무엇보다 차별을 없애기 위한 방법이 보인 것 같은 느낌이 들었다. 우리는 자주 올바른 법을 만들면 세상이 좋아질 거라고 생각하지만, 법률만으로는 직장 내 차별이 없어지지는 않는다. 사회통념이 변하지 않는 한, 외국인의 호소가 무시되고 쓰레기통에 버려지듯 소홀해지기 때문이다. 그래서 차별을 금지하는 명확한 규정을 만들어 각 직장에서 시행할 필요가 있다. 그런데 그걸 실행할 수 있는 것은 정부가 아니고 우리 노동자들이다. 추상적인 '차별해서는 안 된다'는 이념을 넘어 쟁의를 통해 직장 규범으로서 구현해나가는 것이다.

만일 직장에 차별을 허용하지 않는다는 규정이 확실히 있다면, 일터와 집을 오가는 외국인노동자가 매일 일상생활에서 차별에 직면할 리스크가 크게 줄어들 것이다. 이런 의미에서 법률 이상의 힘이 노동운동에 있다. 외국인노동자와 함께 우리 일본인이 차별 없는 사회를 만들기 위한 현장이 노동운동에 있는 게 아닐까?

그런데 회사 앞에서 종합서포트유니온 조합원들이 구호를 외치고 있는데, 건물 안에서 양복을 입은 남자 직원들이 휴대폰으로 사진을 찍는 모습이 보였다. 그 직원들에게 우치다 씨가 당한 '삼중차별'은 남 일이고, 요즘 항의 활동은 구경거리일지도 모르겠다. 하지만 직장에서 차별을 없애려면 그 직원들이야말로 자기 일처럼 참가해야 할 것이다. 갈 길이 멀다.

하시마시에 있는 쉼터에서 지내는 10대 베트남인 여성

은 "지금도 일본이 좋다"라고 했다. 우치다 씨도 같은 마음일 것이다. 그런 여성들에게 나는 죄송한 마음이 가득했다. 하지만 그러한 마음에 응답하기 위해 포기하지 않는 Z세대 종합서포트유니온 조합원들의 모습은 최고로 멋있고, 나도 큰 용기를 받았다.

이런 경험을 하고 나서 시간이 꽤 흐른 후, 강제귀국을 당한 캄보디아인 기능실습생들이 종합서포트유니온의 지원도 있고 본인들도 열심히 활동해서, 본인들이 충분히 만족하는 형태로 회사와 화해했다는 소식을 들었다. 정말 다행이었다! 그리고 이런 사례를 볼 때마다 노동조합의 중요성이 재평가되기를 절실히 바라고 있다.

미얀마를 위해 할 수 있는 일
아는 게 첫걸음

시위 탄압, 국제사회가 비판

"We Need Democracy!"(우리는 민주주의를 원한다) "We Want Justice!"(우리는 정의를 원한다). 2021년 3월 14일 일요일, 한산한 오사카 시내 오피스가에 영어 구호가 크게 울려퍼졌다. 참가자는 300명 정도고, 일본에서는 드물게 20~30대 젊은이들이다. 그러나 일본인은 거의 없다. 대부분 오사카 각지에서 모인 미얀마인들이다.

2021년 2월 1일, 미얀마 국군이 쿠데타를 일으켰다. 민주적인 선거에서 뽑힌 민족민주연맹NLD, National League for Democracy의 아웅산 수치 국가고문이 구속되고 반세기에 걸쳐 계속되던 군사독재체제로 되돌아가게 된 것이다.

"15년 전에 일자리를 찾아 일본에 왔어요. 2011년 민주화 이후 미얀마에 일본계 기업도 늘어서 교육여건도 개선되어왔는데 후퇴할 수밖에 없게 됐네요." 시위에 참가한 30대 미얀마 남성이 분노하면서 미얀마 최대 도시 양곤에 사는 부모님과 여동생의 안부를 걱정했다. 미얀마의 현황을 알리며 호소하는 비슷한 집회가 도쿄, 나고야, 시즈오카, 고베, 히로시마 등 일본 각지에서 이어졌다.

시위 참가자들의 조국 미얀마에서도 젊은이들이 같은 생각으로 항의 활동을 펼치고 있다. 그런데 그 활동은 목숨을 걸고 하는 것이다. 미얀마의 인권단체 정치범지원협회 AAPP, Assistance Association for Political Prisoners에 따르면 2021년 4월 시점에 이미 500명 이상이 목숨을 잃었고(2022년 9월에는 2200명 이상), 수천 명이 구속됐다. 군대와 경찰이 무기를 들고 있지 않은 시민들을 상대로 무차별 폭력을 행사하는 사진과 영상이 SNS에 계속 올라오고 있다. "군대의 공격 대상은 시위대에서 시작해 시민으로 확대되었고, 안전한 곳이 없어지고 있습니다. 예를 들어 지역 일대를 봉쇄하고 가택수사를 하며, 군사적으로 아무 의미도 없는데 소총을 쏘고 있어요. 공포심을 줘서 주민들을 지배하는 게 예전부터 미얀마 국군이 해온 기본 전략입니다." 취재 당시 미얀마 현지에 거주하던 일본인 저널리스트 기타즈미 유키北角裕樹 씨가 이렇게 증언했다.

"더 알고 도와주면 좋겠는데, 일본인의 관심이 적습니다." 집회에서 만난 미얀마인 기능실습생들은 한결같이 이렇게 말했다. 국제적인 지원이나 연대를 필사적으로 호소하는 미얀마인들에게 일본에 사는 우리는 응답하지 못하고 있다.

사인은 '세 손가락' 경례

한편 아시아 각국 SNS에서 젊은이들을 중심으로 '밀크티 동맹'이란 네트워크로 국가나 지역을 넘어 미얀마 시민과 연대하려는 시도가 확산하고 있다. 트위터에서 '#Milk Tea Alliance'라는 해시태그를 달고 트윗을 하며 서로 활동에 응원을 보낸다. 주로 태국, 홍콩, 대만, 인도의 젊은이들이다. 홍차에 밀크를 넣어 마시는 차문화가 있는 나라·지역인데, 민주주의가 위협받는 환경에 놓여 있다는 공통점이 있다. 자국의 체험이나 위기의식에서 미얀마의 항의 활동에 대한 지지가 넓어지고 있는 것이다.

젊음을 상징하는 건 이번 시위에서 쓰이고 있듯, 세 손가락을 펼쳐 보이는 '독재 반대' 핸드 사인이다. 2014년 태국에서 일어난 쿠데타에 대한 항의 활동으로 시작되어 홍콩에서도 이 경례를 사용했다. 원래는 〈헝거게임〉이란 영화에서 사랑과 우정을 표현하는 상징으로 나왔다고 한다.

일본의 SNS에서도 이런 사인이 눈에 띄기 시작했다. "일본 정부도 좀 더 강한 액션을 취하라." SNS에서 세 손가락을 펼친 자신의 사진을 올리는 것을 비롯해 일본어로 적극적으로 목소리를 높인 이는 오사카에 거주하는 유학생 윈 씨다. 경찰의 흑인 폭행 사망 사건을 계기로 일어난 미국 BLM(Black Lives Matter, 흑인들의 생명도 소중하다) 운동과 비교하며, 두 가지 다 공권력에 의한 시민 폭력인데 "왜 이렇게 세계에서 받아들이는 방법이 다른가?"라고 질문한 트윗이 마음 아팠다.

미얀마 제2의 도시 만달레이 출신인 윈 씨는 2019년 일본에 와서 2021년 4월부터 간사이의 한 대학에서 경영학을 공부하는 평범한 학생이다. 온라인 인터뷰에서 "장래에 귀국해서 창업할 계획을 세우고 있다"고 했는데, 쿠데타는 그런 꿈마저 깨뜨리려 하고 있다. 군사쿠데타가 일어나지 않았다면 민주화로 열린 새로운 꿈을 위해 대학에서 공부하고 놀고 있을 그와 같은 나이 또래의 젊은이도 현지에는 많을 것이다. 젊은이들의 꿈이 갑자기 닫혀버린 것에 대한 절망은 상상을 초월한다.

하지만 일본에 있으면 안전하지 않을까? 목소리를 내면 가족이 위험에 처할 수도 있다. 두렵지 않은가? "나만 생각하고 입 다물고 있으면 된다는 것은 이기적입니다. 우리가 자랄 때 받은 교육을 미래 세대에게 전하고 싶지 않습니다. 끝까지 투쟁해서 민주주의를 되찾고 싶습니다"라고 윈씨는 힘찬 목소리로 대답했다. 그는 강한 의지로 가족과 동포를 위해 적극적인 의사 표현을 계속하고 있다.

그런데 일본인의 반응은 차갑다. 미얀마인의 집회가 보도되자 트위터에는 "일본에 민폐 끼치지 마라. 모두 미얀마로 귀국하라" 등 부정적인 트윗이 나왔는데, 그걸 보고 윈씨는 "슬펐다"고 말한다. 코로나 사태이니 집회 같은 밀집된 항의 활동을 하지 말라고 압력을 가하는 건, 쿠데타를 일으킨 미얀마군이 원하는 것이다. 일본인에게 미얀마는 분명 거리가 먼 나라일 수 있다. 실제 공원에서 열린 항의 집회에서도 주변 어른들은 거의 관심을 보이지 않았고 옆에 있던 아이들도 공차기에만 몰두하고 있었다.

그런데 역사적으로 보면, 미얀마는 1948년 독립하여 1954년에 동남아시아 국가 가운데서도 가장 빠르게 일본과 평화조약을 맺은 나라이다. 전후 식량난에 허덕이던 일본에 미얀마는 쌀을 보내주는 등 지원해주었다. 그런데 미얀마인들이 우리의 조부모나 부모 세대의 목숨을 구해준 일은 별로 알려지지 않았다.

한편 집회에 참가한 기능실습생들은 일본에서 애써 일하고 있는데도, 자신의 나라나 가족에게 큰일이 생긴 이때 목소리를 높인다는 이유만으로 네 나라로 돌아가라는 소리를 듣는다. 동일본대지진 때 대만을 필두로 많은 아시아인들이 일본을 지원해준 사실을 떠올려본다. 고마움을 갚을 수 있는 때가 이런 비상사태 시기이다.

내가 집회에 참가한 이날, 시위대가 가장 목소리를 크게 높인 게 중국총영사관 근처를 지날 때였다. 중국은 미얀마의 쿠데타에 비난 성명을 내지 않았다. 오히려 이번 쿠데타를 이용해 자국의 거대경제권 구상인 '일대일로'를 추진하려 하고 있다는 주장도 나오고 있다. 홍콩, 대만, 미얀마에 중국의 정치적 영향력이 확대된다면, 아시아의 민주화는 위기에 처할 것이며 일본 사회도 영향을 받게 될 것이다. 물론 공문서 개찬, 허위 답변 문제* 등으로 일본의 민주주의도 안

---

* 국유지를 헐값으로 사들일 수 있도록 아베 신조 총리 부부가 학교법인 '모리토모학원'에 특혜를 준 것으로 드러난 '모리토모 사건'을 일컫는다. 의혹이 제기된 2017~2018년 당시 재무성이 국유지 매각 관련 공문서에서 특혜를 추측할 수 있는 문구를 삭제하라는 개찬(수정) 지시를 했음에도 국회에서 허위 답변을 해서 이 사건을 '공문서 개찬, 허위 답변 문제'라고도 한다. 심은경 배우가 출연한 일본 아카데미상 수상작 〈신문기자〉(2019)의 소재가 되기도 했다.-옮긴이

3장. 우리는 모두 당사자

정된 상태라고 할 수 없는 상황이 계속되고 있다.

먼저 아는 것부터

항의 활동이 길어지면서 사람들이 지치고, 국제적 관심도 낮아질 것으로 우려된다. 어쨌든 지원이 필요하다. "밀크티 동맹은 누구나 참가할 수 있다"고 윈 씨는 호소한다. 나는 집회에서 피켓을 들었을 뿐이지만, 미얀마인들은 그런 자그마한 행동도 환영하고, 또 필요로 하고 있다. 먼저 문제를 아는 것부터 시작해보자. 그 후 SNS에서 발언하고 기부도 하고 전단지도 나눠주고 서명 활동도 벌이는 등 우리가 할 수 있는 일은 아주 많다.

미국에서는 미얀마 젊은이들에게 인기 있는 아디다스 사와 그 회사 광고를 하는 가수 비욘세에게 연대 표명을 요청하는 SNS 운동이 있었다. 현지에는 일본 기업도 적지 않게 있는데, 그런 기업에 광고탑 요청을 하는 운동도 효과적일 것이다. 일본의 미얀마 지원을 행동으로 이어나갔으면 한다.

모두 아무렇지도 않게 혐오발언을 한다

내 안의 노숙인 차별

'게으름'과는 거리가 먼 위태로운 생활

"가부키초에서 열다섯 살 소년이 노숙인을 폭행." 2021
년 8월 23일 이 뉴스를 봤을 때 DaiGo 씨의 차별 발언*이 뇌
리를 스쳤다.

이때는 많은 사람이 비난의 목소리를 높였고 DaiGo 씨
본인도 사죄했다. 그런데 그의 발언이 '비난하고 논란'이 된
것만으로 괜찮은가? 노숙인 당사자나 지원자는 이 사건을

---

*   저자 주. DaiGo 씨[가수, 본명은 나이토 다이고]는 2021년 8월 7일
    공개한 유튜브 영상에서 "생활보호를 받는 사람들을 먹여 살릴 돈이
    있다면 길냥이를 돕자" "홈리스의 목숨은 아무래도 상관없다"라고 발
    언했다. 비판을 받아 사죄했고 동영상도 삭제했다.

어떻게 보고 있을까? 8월 말, '노숙자네트워크野宿者ネットワーク' 대표로 가마가사키^{**}에서 35년 가까이 지원활동을 하고 있는 이쿠타 다케시 씨의 현장 지원에 동행했다.

이쿠타 씨 일행은 매주 토요일 밤 8시부터 두 시간 정도 노숙인에게 이야기를 건네고 있다. 가마가사키에 있는 신이마미야 지역을 출발해서 번화가 난바까지 왕복 약 5킬로미터를 자전거로 도는 경로다. 이날은 스포츠음료와 마스크를 나눠주며 "건강 괜찮나요?" "생활보호[기초생활수급]를 받고 싶지 않나요?" 하고 한 사람 한 사람에게 확인한다. 여름이라 밤인데도 기온이 높아서 10분 정도 자전거를 타니 땀범벅이다. 공원, 고가도로 아래, 빌딩 근처 등을 돌면서 말을 건넨 이는 35명 정도. "발 상태가 나빠서 일을 못해 힘들다" "노상에서 마음대로 사는 생활이 좋다" 등 반응은 제각각이었다.

노숙인 중에는 1995년 고베대지진 때부터 같은 장소에 머물고 있는 남성부터 83세 여성도 있어서 놀랐다. 위에 구멍이 생겨 빈사 상태에서 수술을 받고 몇 개월밖에 안 됐는

***

** 　오사카시 니시나리구에 있으며, 일본의 경제성장기인 1960~1970년대에 건설, 항만 하역 등 일용직 노동자들이 지내는 간이숙박소 '도야ドヤ'가 밀집해 있던 대표적인 빈곤 지역이다.―옮긴이

데도 길 위의 생활로 돌아간 중년 남성과 만난 일이 가장 충격이었다. 체력도 돌아오지 않았는데 왜 길에서 생활하는 것일까? 상황이 이해가 안 돼 "왜 생활보호를 받기 싫은가요?" 하고 일행의 대화 도중 끼어들어 물었다. "생활보호를 받으면 사례 관리자[사회복지직 공무원]한테 빨리 일하라고 엄한 소리를 들으니까 힘들다"고 남성은 답했다. 수술하고 시간이 별로 지나지 않았는데 가혹한 노상 생활을 해서 병이 완치되지 못하니 시간이 지나도 현장 일을 할 수가 없을 것이다. 그래도 될 수 있는 한, 빈 캔을 줍는 일은 계속하고 있다. 이런 모습은 게으르다고 보는 노숙인의 이미지하고는 거리가 멀다.

이쿠타 씨에 따르면 전에는 오사카시에 노숙인들이 1만 5000명 정도 있었는데 생활보호 수급 조건이 완화된 이래 지금은 1000명 정도라고 한다. 그런 중에 노숙을 계속하는 이들 대부분은 "생활보호를 받지 않겠느냐"고 물어봐도 고개를 젓는다고 한다. 그 배경에는 오랜 기간 연락을 일절 안 하고 지내던 가족에게 부양조회*를 하는 것과 사례 관리자

---

* 생활보호 신청을 받은 지자체가 신청자의 부모·자식·형제자매·조부모·손주 등 직계가족에게 연락해서 부양 의사를 물어보는 절차. 가족에게 부양의무는 없지만, 부담으로 느껴 꺼리는 이들이 많다.—옮긴이

의 취업 압력이 있다. "취직하면 취로지도**를 한 기업에 '보수'가 나오는 노숙인 자립 지원 시스템이 있어요. 그런데 지나친 지도로 인해 마음에 상처를 받은 이들이 많아요. 자립 지원이라고 하면서도 노숙으로 내모는 측면도 있어요"라고 말하는 이쿠타 씨. 이 때문에 노숙인들은 생활보호를 받는 대신 캔을 주우며 빠듯한 생활을 계속한다.

　DaiGo 씨의 발언을 어떻게 생각할까? 이쿠타 씨에게 묻자, 그런 발언이 노숙인을 습격하는 행위로 이어져 증오범죄Hate Crime를 부추긴다고 한 뒤 "DaiGo 씨 한 사람만의 문제가 아니다, 모두 아무렇지도 않게 그런 말을 하는 것 아니냐"고 지적했다. "간이숙박소가 있는 마을에는 위험하니까 가지 마." "공부 안 하면 홈리스가 된다." 이런 말을 하거나 들은 적은 없을까? "무섭다" "더럽다" "게으름뱅이"라는 편견은 우리 안에도 있다. '무의식'중에 하는 차별이 팽배한 것이다. 나도 주변에서 그렇게 말하는 걸 들은 적이 있어서 이쿠타 씨의 말이 무겁게 울려 퍼졌다. 그때그때 바로잡지

** 　2002년 홈리스자립지원법 제정 후 생긴 자립지원센터(지방 공공단체 운영) 등에서 생활보호를 받게 된 노숙인을 대상으로 취업 지원을 하는 것을 '취로지도'라고 하는데, 고용안정사업 조성금으로 노숙인을 일정 기간(최장 3달) 고용한 사업주에게 매달 4만 엔(1명 고용 때)을 지급하는 일종의 장려금 제도다.-옮긴이

않은 내 안에도 편견이 있었는지도 모르겠다.

그래서 이쿠타 씨는 "현장에 오면 좋다"고 말하고, 리스크가 있어도 가마가사키에서 펼치는 필드 워크를 받아들이고 있다. 그 이유는 "DaiGo 씨와 같은 발언이 논란이 되고 비난만 하는" 형태로 문제를 덮고 끝나서는 안 된다고 생각하기 때문이다. 물론 현장에 한 번 가봤다는 정도로 이를 알 수 있을 리 없다. 그리고 흥미 중심으로 노숙인을 바라보려고 사람들을 데리고 간다면, 그것도 얼마든 차별로 손쉽게 바뀔 수 있다. 밤에 그와 동행한 두 시간 반은 내 안의 편견과 마주하면서 내가 무엇을 할 수 있을지 계속 고민해볼 수 있는 체험이었다.

배우고, 자성해야 할 사회 모두의 과제

내 안의 편견과 마주하는 방법은 밤시간 현장 지원에 동행하는 것만은 아니다. 시인이자 NPO법인 '목소리와 말과 마음의 방こえとことばとこころの部屋'[*] 대표 우에다 가나요上田假奈

---

[*] NPO '목소리와 말과 마음의 방'에서는 카페와 게스트하우스 등을 운영해 활동 기반으로 삼고 있으며, 문화예술 활동을 통한 지역 만들기

ᵁᵉ 씨는 가마가사키 상점가에서 '카페인 척'하는 공간 코코룸을 운영하고 있다. 2012년 무료 워크숍 '가마가사키 예술대학' 프로그램을 시작해 시와 음악, 우물 파기** 등 연간 100개 정도의 강좌를 열고 있다. 온라인으로도 참가할 수 있는데, '가마가사키 아저씨'부터 해외 젊은이들까지 폭넓은 참가자층이 있다.

다양한 사람들이 드나드는 코코룸은 누가 아르바이트를 하는 중이고 누가 손님인지 잘 구분되지 않는 이상한 공간이다. 나는 그곳에서 다다미에 앉거나 수제 차조기 소다수를 마시면서 취재했다. 그러다가 갓 딴 멜론을 주길래 얻어먹게 되었다. 음료를 주문하거나 강좌에 참가하지도 않는데, 그냥 매일 코코룸에 오는 '아저씨'도 있는 것 같다.

가마가사키 예술대학 프로그램은 예술을 통해 누구든 그 존재를 인정받을 수 있도록 하는 공간 조성을 목표로 한다. "예술작품을 만드는 게 아니라, 표현할 수 있는 공간을 만드는 게 중요하다"고 우에다 씨는 말한다. 그래서 커뮤니

를 추진하고 있다. 홈페이지는 https://cocoroom.org.-옮긴이

** '가마가사키 예술대학'의 대표 강좌 중 하나로 일용직 노동자들이 지역주민과 협력하여 우물을 완성하는 프로그램이다. 재해 시 긴급 수자원 확보 외에도 공동체 협력체계를 구축함으로써 지역사회 유대를 강화하려는 목적이 있다.-옮긴이

케이션을 중시하는데, 예를 들어 시 쓰기에서는 둘이 짝을 지어서 서로 추억을 이야기하고, 그 내용을 상대방이 시로 쓴다. 우물 파기는 평소 건설 현장에서 일하는 '아저씨'가 '선생님'이 되어 젊은이들에게 초보 과정을 가르친다.

표현을 통해 관계성을 맺어 나이, 직업, 수업과 같은 구별을 상대적으로 볼 수 있게 된다. 그 과정에서 자신이 지닌 편견의 원천을 깨달을 수도 있다. 그 편견은 자신의 고통 탓일 수도 있다. 이 자본주의사회에서 돈을 벌기 위해 가족이나 건강을 희생하면서 계속 일하는 사회의 다수는 "참기만 하는 인생 탓에, 애쓰며 사는 것 같지 않아 보이는 사람들을 허용하지 못하는 게 아닌가?"라고 우에다 씨는 분석한다.

그건 틀림없이 다수의 편견인 것이다. 8년 전까지 일용직 노동에 종사했던 이쿠타 씨는 빌딩, 댐, 원전 등을 지어온 가마가사키의 이름 없는 노동자들이 현장에서는 매우 근면하다고 말한다. 그리고 그들은 분명히 전후 일본의 고도 경제성장을 지탱해왔다. 그러던 게 일본 경제가 정체되며 가마가사키도 규모가 축소되었고, 지금은 데이서비스[노인주간보호센터]와 가라오케만 눈에 띄는 초고령화 지구가 되었다. 그렇다면 가마가사키는 이대로 사라지게 될 뿐인가?

일용직 노동자들의 마을이던 가마가사키가 쇠퇴해가는 모습. "가마가사키는 전국적으로 퍼지고 있다"고 이쿠타 씨는 경종을 울린다. 즉 비정규직 노동자가 일반화되었고, 저출생 고령화도 마찬가지다. 그래서 노숙자나 생활보호 수급자를 두고 "세금을 내지 않는 사람들의 무임승차"라고 적대시하며 방치하자고 하는 위험한 사고방식은, 격차가 확대되는 사회의 가까운 문제로서 지금 우리 모두가 직면해야 할 과제이다.

그런 의미에서 유튜브와 같은 동영상 유통 플랫폼의 책임도 묻지 않을 수 없다. 차별이나 인권침해 행위를 하는 이용자에 대해서는 계정 동결 등을 통해 단호히 대응해야 한다. 방치한다면, 선동으로 시청자를 모으는 '어텐션 이코노미attention economy'*의 폭력성이 현실의 물리적 폭력으로 바뀔 수 있기 때문이다.

이번에는 우연히 유명인의 발언이 불거져 각계에서 비판의 목소리가 나왔다. 하지만 다시 말해, 문제는 더 깊은 곳에 있다. 그런 발언이 흘러나오는 사회를 만들고, 용인하는 것은 우리 자신이기 때문이다. 실제로 우리는 빈곤 문제나 노숙인 지원에 대해 진지하게 무엇을 해왔을까? 그러니 '차

---

* 행동경제학자 허버트 사이먼Herbert Simon이 만든 말로 정보가 쏟아지는 시대에 사람들의 주의를 끌어서 교환가치를 만드는 경제활동을 일컫는 개념. '관심경제' '주목경제'라고도 한다.-옮긴이

별은 안 된다'고 SNS에서 비판하고, 개인을 비난하며 논란을 이어가는 것으로 만족해서는 안 된다. 평소에 차별에 대해 좀 더 적극적으로 배우고, 스스로가 가담하고 있지는 않은지 끊임없이 반성해야 하는 것이다. 그건 힘들까? 우리가 편하게 사는 탓에 고통받는 사람이 있다면, 나는 내 행동을 되돌아보는 쪽을 택하고 싶다.

지금도 진행형, 미나마타병 문제
누구나 당사자다

땅에 발 붙이고 살아가는 사람들

미나마타병*을 소재로 한 영화 〈미나마타Minamata〉(조니 뎁 주연)**가 2021년 9월 23일 개봉했다. 나도 추천사를 썼는

---

*   미나마타병은 공해병으로 중추신경계통의 장애를 일으키는 수은중독 질환이다. 짓소의 공장 폐수 방류로 오염된 강에서 잡은 생선을 먹고 발병 사례가 처음 알려진 곳이 미나마타였기 때문에 이런 명칭이 붙었다. 일본 정부가 미나마타병 환자로 인정한 사람 수는 3000여 명에 이르고 짓소에서 일시금을 지급한 이들은 1만 명이 넘지만, 공식 확인되지 않은 이들도 있어서 정확한 피해자 수는 알 수 없다. -옮긴이

**   미국의 사진가 유진 스미스Eugene Smith와 환경저널리스트 아일린 스미스Aileen Smith가 미나마타병 환자들을 찍어 그 실태를 세계에 고발한 바 있는데, 이를 소재로 한 영화로 한국에서는 2021년 티빙에서 공

데, 공해의 역사가 잊혀가는 가운데 한 명이라도 더 많은 이들이 봤으면 하는 바람이다. 그런데 영화에는 속편이 있다. 공해로 인한 건강 피해, [사회적] 편견은 사라지지 않았고, 여전히 공해는 현재진행형인 문제이기 때문이다.

"미나마타의 지리와 역사는 일본의 축소판입니다." 눈앞에 펼쳐진 마을을 바라보며, 미나마타병자료관 전 관장인 요시모토 데쓰로吉本哲郎 씨가 말했다. 미나마타시 직원으로서 미나마타의 지역 재생에 힘써온 요시모토 씨의 안내로 가장 먼저 방문한 곳은 나카오산 정상에 있는 공원이었다.

미나마타는 '바닷가 마을'이라는 이미지가 강하지만, 전망대에서 바라보면 삼면이 산으로 둘러싸여 있고, 지명처럼 2개의 강이 두 갈래水俣가 되어 흐르는 자연이 풍부한 지역이라는 것을 알 수 있다. 이곳에서 메이지 후기[1905~1912]에 화학비료 제조를 시작으로 일용품부터 화약까지 만들던 회사가 신흥재벌 일본질소비료(훗날 '짓소')였다. 교과서에서만 이름을 본 적 있는 기업이지만, 미나마타역 바로 앞에는 짓소 자회사의 공장이 지금도 가동되고 있어 이곳이 '짓소성城[짓소 왕국] 마을'로 발전해왔음을 말해준다.

마을을 빠져나와 산 옆에 있는 '미나마타병센터 소시샤

개되었다.-옮긴이

相思社'로 향했다. 소시샤는 작가 이시무레 미치코石牟礼道子*가 쓴 "또 다른 이 세상"**이라는 말을 받아들여, 1973년 1차 소송[미나마타병 손해배상 청구 소송] 판결[승소 판결] 이듬해에 미나마타병 환자들의 거점으로 설립된 조직이다. 환자 인터뷰 조사뿐만 아니라 상담 창구도 열었는데, 지금도 심신의 불편함을 호소하는 이가 사람들의 눈을 피해 찾아오고 있다고 한다. 소시샤가 운영하는 '미나마타병 역사고증관'에는 짓소 제품과 어구, 짓소와 환자들이 1973년에 맺은 보상협정서 등이 진열되어 있었다.

직원 가사이 노부오葛西伸夫 씨의 안내를 받으며 관내를 둘러보았다. 짓소는 석탄으로부터 플라스틱 원료인 옥탄올

---

*   1928~2018. 소설가이자 시인이며, 미나마타병을 고발한 소설(1972) 《슬픈 미나마타》(김경인 옮김, 달팽이, 2007. 2022년 개정판 제목은 일본어책 제목과 동일한 《고해정토》)로 널리 알려져 있다. 이시무레 미치코는 미나마타병 문제에 깊이 관여하면서 1968년 '미나마타병 대책시민회의'를 결성했고, 수은을 마구잡이로 배출한 회사 짓소를 상대로 손해배상 소송을 제기한 미나마타병 환자들과 함께 1971년 짓소 도쿄 본사 앞에서 연좌농성을 벌이기도 했다. 1973년 아시아의 노벨상으로 불리는 막사이사이상을 받았다.-옮긴이

** 미나마타에서 성장한 이시무레 미치코의 1976년 자전적 에세이 《동백의 바다 기록椿の海の記》에 나오는 문구이다. '또 다른 이 세상もうひとつのこの世'은 현실 세계를 고쳐나가기 위해 정신적 지지를 받는 구체적인 근거가 될 수 있는 곳을 뜻한다.-옮긴이

을 만들었는데, 그 과정에서 수은을 포함한 폐수를 바다로 버렸다. 그것이 미나마타병의 원인이 되었다. 고도 경제성장을 뒷받침한 화학공업에서 당시 거의 독점적으로 옥탄올을 생산하던 짓소를 국가도 말릴 수 없었다. 1959년 미나마타병의 원인을 알게 되었는데도, 1932년부터 1968년까지 수은 오염수가 36년 동안이나 바다로 배출됐다.

전대미문의 산업공해에는 심각한 차별 문제도 따랐다. 미나마타병은 발생 초기 생선을 많이 먹는 어촌에 집중됐다. "원래 '흘러들어온 사람들'*이라 불리던 어민에 대한 마을 사람들의 차별의식이 정체불명의 '괴질'로 인해 증폭되면서 미나마타병을 금기시하는 분위기가 급속도로 조성됐다"고 가사이 씨는 말한다. 그 후 어촌 외의 지역으로도 피해가 퍼져나갔는데, 마을 사람들은 자신이 멸시하던 병으로 자신도 고통받게 된 현실을 받아들일 수 없었다. 지금까지도 본인이 차별을 당할까봐 두려워 가족에게조차 상담하지 못하는 사람들이 있다고 한다. 모두가 피해자이고 모두가 고통스러운데, 차별이 사람들을 더 고통스럽게 한다. "미나

---

* 원어는 '흐르다'는 뜻의 '나가레流れ'로 정주민이 많은 농촌에서 어민을 속되게 이르는 일종의 전통적 차별어다. 미나마타는 농촌, 어촌, 반농반어촌이 섞여 있는 지역이다.-옮긴이

마타병에는 인간의 어리석음이 응축되어 있다"는 요시모토 씨의 말이 떠올랐다.

그러나 고통은 그것만으로 끝나지 않는다. 설령 환자 인정 신청을 하더라도 국가의 인정기준 개정**으로 인해 최근에는 인정받는 사람이 거의 없다고 한다. 이리하여 같은 증상이라도 인정받는 사람과 인정받지 못하는 사람이 생기게 된다. 또 분열이다. 전시를 통해 배운 것은 행정, 기업, 재판, 인정기준, 보상액 등에 환자가 계속 휘둘려온 역사다. 이것들은 모두 '제도'의 문제다.

"나 또한 또 한 명의 짓소였다"

이 제도에 맞서 당사자로서 진지하게 운동해온 이는 미나마타병 환자 운동의 리더이자 어부였던 오가타 마사토緒方

** 1977년 미나마타병 국가 인정기준은 감각장애와 시각장애 등 복수의 증상이 나타나야 인정하는 것으로 개정되었다('후천성 미나마타병 판단기준'). 피해자들의 오랜 법정투쟁으로 2013년 일본 대법원에서 "단일 증상이라 해도 미나마타병이 아니라고 할 수 없다"는 판결이 나온 바 있으나, 단일 증상을 보이거나 태아성 미나마타병 피해자인 경우는 인정받기가 어렵다.-옮긴이

正人 씨다. 여섯 살 때 아버지를 미나마타병으로 잃은 오가타 씨는 1974년 미나마타병 인정 신청을 했고, 그 후에도 행정과 짓소 측의 책임을 계속 물어왔다. 그런데 1985년에 신청을 취하하고 미나마타병 피해자 수첩*도 반납하고 말았다. 왜일까? 이야기를 듣기 위해 미나마타만을 향한 어촌 마을 메시마에 있는 자택을 찾았다.

"시스템 사회라는 것이 마음에 들지 않았어요." 별채 이로리[불구덩이식 중앙 난로] 앞에서 오가타 씨는 힘주어 말했다. "인정제도도 재판제도도 임시방편으로 하는 거짓된 구조에 불과하다"고 그는 단언한다. '대립'하는 가해자와 피해자가 '구제'라는 대의 아래, 재판에서 '화해'한다. 그리고 보상금과 피해자 수첩이 지급된다. 그러나 이것으로는 자신들을 고통스럽게 했던 시스템에 편입되는 것이 아닌가 하는 의문을 품게 되었다고 한다.

미나마타병의 문제가 제도적 해결로 왜소화[축소]된다면, 거기에는 "진정한 의미의 투쟁은 없다". 그는 당사자 고유의 경험, 더 나아가 '살아 있는 인간'이 기업, 변호사, 지원단체, 정치인 등이 짜낸 제도 속에 갇혀 잊혔다고 회고했다.

---

* 미나마타병 환자로 인정받은 이들에게 교부되는 수첩. 병원 등에 제시하면 의료비 등을 공제받을 수 있다.-옮긴이

인간의 얼굴이 보이지 않는 투쟁에 번민하던 오가타 씨는 운동을 그만두었다. 그리고 한 가지 답을 깨달았다고 한다. "나 또한 또 한 명의 짓소였다"라고. 일방적으로 책임을 묻는 쪽에 있던 자기 자신도 근대 시스템과 무관하지 않았다. 미나마타병의 가해 책임의 깊은 곳에는 '인간의 책임'이라는 보편적인 주제가 있다고 오가타 씨는 말한다. 그 생각은 오가타 씨의 책 《짓소는 나였다 チッソは私であった》(2020)에 기록되어 있다.

오가타 씨는 농담이 끊이지 않는 사람이었지만, 이 경지에 이르기까지 고통은 틀림없이 상상을 초월했을 것이다. 나 자신도 환경 문제는 시스템 문제라고 지적해왔으나, 오랜 경험에서 우러나온 오가타 씨의 말의 무게 앞에 '묻기만 하는 쪽'에 안주하고 있는 나의 경박함을 견딜 수 없게 되었다.

모든 것이 시장에 집어 먹혀 상품화되는 가운데 "38억 년에 이르는 생명 존재 속에 있는 한 사람 한 사람의 '나'는 생명을 받아서 살아가고 있다**는 점을 잊은 게 아닐까?"라고 오가타 씨는 호소한다. '생명을 받아서 살아가고 있음'을 일상생활에서 직접 느끼도록 하는 것은 '먹거리'가 아닐까?

** 원어는 '살리다'는 뜻의 '生かす'의 수동형 '生かされる'인데, 자연이나 하늘로부터 생명을 받아서 살고 있다는 뜻으로 번역했다.-옮긴이

따라서 환경오염으로 인해 이러한 '먹거리'에 해를 입은 미나마타에서 무농약, 무첨가로 농사를 짓는 각오를 다지며 지속가능한 사회를 만들고자 하는 사람들이 많다는 점은 우연이 아니다.

환자가 많이 발생한 미나마타시 모도지구에서 어업에 종사하는 스기모토 하지메杉本肇 씨도 그중 한 명이다. 2008년 사망한 어머니 에이코 씨는 미나마타병 발병 초기에 가혹한 환자 차별을 경험하고 1차 소송에 원고로 참여했다. 미나마타병의 영향으로 어업만으로는 생계를 유지할 수 없게 되자, 스기모토 씨 가족은 귤을 재배했다. 사람에게 먹이는 것에 '독'을 쓰고 싶지 않다며 에이코 씨는 화학비료를 쓰지 않는 무농약 재배 방식을 고집했다.

에이코 씨는 그 후에도 입원과 퇴원을 반복하며 몇 번이나 구급차에 실려 갔다고 한다. 그래도 "미나마타에서 고기잡이를 하고 싶다"며 6000만 엔의 빚을 내어 배를 마련하고 1990년대 초에 고기잡이를 재개했다. 에이코 씨는 몸 상태가 나빠도 매일 고기를 잡으러 나갔다고 한다. 거기에는 "살아가는 기쁨이 있었다"고 스기모토 씨는 말했다. "어머니는 '생명을 받아서 살아가고 있다'고 자주 말씀하셨어요. 무엇을 위해 살아가는가? 끝까지 자신의 존재의의를 생각한 사람이 아니었을까요?"라고 회상한다.

현재 스기모토 씨는 강연에 나가 미나마타병에 관한 이야기를 전하고 있다. "남을 바꿀 수 없으니 내가 바뀌겠다"고 에이코 씨가 생전에 남겼다는 말이 인상 깊었다. 미나마타병자료관 전 관장 요시모토 씨도 이 말에 이끌려, 주민 스스로가 자신이 살아가는 지역의 매력을 발견하여 지역을 진흥할 것을 목표로 한 '지역학'*을 주창했다. 그리고 '지역학'을 배워 미나마타 땅에서 무농약 홍차 농사 등에 분투하는 다음 세대가 성장하고 있다.

미나마타에는 에이코 씨의 마음을 이어받은 이들의 가늠할 수 없는 '용서'의 따뜻함이 넘쳐나고 있었다. 물론 분노도 있다. "가해자는 응답하지 않는다" "남을 바꿀 수 없다"는 말의 이면에는 실망도 있다. 그러나 제도에 휘둘려 삶을 파괴당하면서도 미나마타병을 인류의 가해 책임이라는 보편적인 문제로 끌어올리며, 미나마타에서 새로운 미래를 만들고자 실천하는 모습에는 우리 모두 배워야 할 윤리학이 있는 것이다.

---

* 미나마타병자료관 전 관장 요시모토 데쓰로가 자신의 책에서 처음 쓴 용어 '지모토가쿠地元学'를 '지역학'이라 번역했다.—옮긴이

수평사 창립 100주년
젊은 세대는 지금

마을 만들기, 주민참여형으로

《지속 불가능 자본주의》을 출간한 뒤 다양한 의뢰가 들어왔다. 그런데 2021년 9월 부락해방동맹에서 갑작스런 연락을 받았을 때는 솔직히 고민이 많았다. 부락해방동맹의 전신인 전국수평사全国水平社* 창립 100주년 기념집회에 메

---

*   가축 도살, 사형 집행, 피혁 가공 등에 종사하며 천민계급으로 차별받는 부락민의 해방을 목표로 1922년 결성된 자주적이며 대중적인 운동단체. 1965년 유엔이 채택한 인종차별철폐조약에 일본이 가입하는데 큰 역할을 했으며, 최근 늘어난 재일조선인 혐오범죄 피해자 지원 활동도 펼친 바 있다. 줄여서 '수평사'라고도 하며, '수평'은 '인간은 태어나면서부터 평등하다'는 뜻이다. 수평사는 음역하면 '스이헤이샤'지만, 한국에서 널리 알려진 '수평사'로 번역했다.–옮긴이

시지를 보내달라는 부탁이었다.

일본 최초의 인권선언인 수평사 선언**은 일본 인권운동의 시발점이다. 이 선언은 "만국의 프롤레타리아여, 단결하라"로 유명한 마르크스와 엥겔스의 《공산당 선언》(1848)의 영향을 엿볼 수 있는데, 일본의 노동운동이나 마르크스주의가 부락 문제를 포함해 소수자 문제를 제대로 다뤄왔다고 보기는 어렵다. 도쿄에서 나고 자라서 동화同和교육***도 받지 않았고, 그 이후에도 충분히 배우지 못한 무지한 내가 메시지를 보낼 자격이 있는지 며칠이나 고민했다.

하지만 "모른다"는 핑계로 차별 문제를 외면할 수 있는 것도 다름 아닌 다수자의 특권이다. 그래서 우선 현장을 가

** 부락해방운동가이자 사회운동가 사이코 만키치西光万吉(1895~1970)
가 쓴 선언문으로. 1922년 전국수평사창립대회에서 처음 낭독되었
다. "전국에 흩어져 있는 우리 특수부락민이여, 단결하라"가 첫 문장이
다.-옮긴이

*** 동화교육은 '유엔 인권교육 10년'(1995~2004)이 실시된 1995년부터
통학구역 내에 동화지구(부락민이 집단거주하던 구역을 일컫는 행정
용어)가 있는 공립 초중등학교에서 부락민 차별을 없애기 위해 실시
되었다. 나중에 여성, 아동, 고령자, 장애인, 한센병 환자, 성소수자 등
에 대한 인권교육이 포함되어 '인권·동화교육'이라고도 한다. 도쿄에
도 부락이 있지만 관동대지진(1923), 도쿄대공습(1942~1945) 등으
로 기존의 도시가 붕괴되고, 이후 도시화로 인구 전출입이 많아지면서
도쿄에는 동화지구가 선정되지 않았다.-옮긴이

보고, 부락 차별의 현재를 배우고 싶었다. 부락해방동맹에 공부 모임을 열어달라고 부탁해 12월 중순에 오사카부 미노오시 기타시바 지역을 방문했다.

NPO법인 '생활만들기네트워크 기타시바暮らしづくりネットワーク北芝'의 사무국장 이케가야 게이스케池谷啓介 씨에게 안내받은 곳은 법인이 운영하는 커뮤니티 공간 '시바라쿠芝樂'였다. 공터를 효율적으로 활용하기 위해 주민들과 워크숍을 거듭해 지역 사람들이 모일 수 있는 공간으로 2004년에 문을 열었다. 시바라쿠 앞 광장에 놓인 2개의 컨테이너 건물에는 반찬과 도시락가게, 과자가게 등이 있다. 정비 초기부터 마을 만들기에 참여해온 기타시바 출신 우즈하시 미호埋橋美帆 씨는 "잔디를 심고 이벤트를 기획하며, 우리 주민들이 주체가 되어 공간을 만들어왔다"라고 자긍심을 보인다.

광장에서는 한 달에 한 번 아침 장터가 열리고 포장마차가 나온다. 밤에는 영화 상영회나 연주회가 열릴 때도 있다고 한다. 1월의 어느 날 내가 가족과 함께 방문했을 때는 헌 옷 바자회가 열렸는데, 점심때 도시락가게에 줄이 늘어설 정도로 가족 단위 방문객들로 붐볐다. 코로나 사태로 어쩔 수 없이 휴업에 들어간 인근 지역의 술집 주인도 만두를 파는 포장마차에 있었다. "가게 손님들하고는 다른 계층과 교류하게 돼서 기쁘다"고 고마워하던 모습이 인상적이었다.

이런 취재를 하고 있는데, 아들 녀석은 마을 할머니가 자신의 집에서 갖고 온 가가미모치鏡餠*를 따뜻하게 스토브에 구워서 맘껏 먹고 있다…… 이러한 지역의 휴식처가 시바라쿠인 것이다.

기타시바 지역은 이른바 피차별부락으로 지금도 200여 가구가 살고 있다. 이케가야 씨에 따르면, 이 지역은 20~30대를 중심으로 '커뮤니티 개발Community Development'**이라는 주민참여형 새로운 마을 만들기 방식으로 주목받아 왔다고 한다. 이러한 새로운 시도의 배경에는 부락해방동맹을 둘러싼 상황 변화가 있다.

과거에는 동화대책사업특별조치법***에 기초해 개량주택**** 정비와 학업·취업 지원 등이 실시됐다. 그런데 2002년 법의 기한이 만료되어 공적 지원은 중단되었다. 오사카

---

*   크고 작은 둥글납작한 떡을 2개 겹쳐 올린 떡.-옮긴이
**   저출생 고령화로 인구가 줄어들고 지역이 쇠퇴하는 데 대응하고 지역 활성화를 목표로 한 지역주민운동을 일컫는 말.-옮긴이
***   동화지구의 열악한 환경개선, 차별 시정 등을 목적으로 법률의 유효기간을 정해놓은 법(특별조치법). 1969년 제정·시행되었다.-옮긴이
**** 재해나 화재, 전염병, 범죄에 취약한 노후주택 밀집지를 정비하려는 목적으로 주택지구개량법(1960년 제정)에 따라 건설된 공공임대주택.-옮긴이

시에서는 각 구에 있던 인보관隣保館, Settlement House Movement*
이나 인권센터 등도 통합·폐지되어 지역 교류와 학습 지원
이 약화되고 있다고 한다.

또 다른 문제도 있다. 취업 지원 등의 성과로 일부 젊은
세대의 경제 상황이 개선된 반면, 1996년 공영주택법 개정
으로 소득에 따라 임대료를 정하는 '응능응익가임応能応益家賃
제도'가 도입되면서 공공·개량주택의 임대료가 올라 다른
지역의 아파트 등으로 전출하는 사람이 늘어났다. 대신 외
부에서 공공·개량주택으로 입주하는 사람들은 원래 생활고
에 시달리고 있어서 지역 활동에 참여할 여유가 없다. 말하
자면, 공공·개량주택에 남겨진 노인과 빈곤층에게 가난이
대물림되고, 지역은 빠르게 약화되고 있다.

이런 와중에 기타시바의 젊은이들이 나섰다. 광장의 아
침 장터를 운영할 뿐만 아니라 커뮤니티 농장을 열고 은둔
형 외톨이의 취업을 지원한다. 이 책 1장에서 소개한 워커즈
코프[노동자협동조합]도 시도하고 있다. 지금까지 쌓아온 상
호부조와 자치, 빈곤층 지원과 취업 지원의 노하우를 앞으

---

* 1884년 영국에서 처음 시작되어 슬럼가 등 빈곤 지역에서 주택, 공중
보건 등 환경개선과 인권교육 활동에 주력한 지역사회복지운동 조직
이다. 일본에서는 1931년 오사카에 처음 생겼다.-옮긴이

로 외국인, 고령자, 장애인 지원에도 이어나갈 것을 목표로 해서 마을 만들기가 시작되고 있는 것이다. "외부에 개방된 장소를 만들고, 이런 자원을 주변 지역에 환원하면서 함께 마을을 만들어나가고 싶다"고 우즈하시 씨는 포부를 밝힌다. 이 이야기를 들으니 왜 이번에 기념 메시지를 내게 부탁했는지 알 것 같았다. 기타시바의 실천과 내가 주창한 '커먼 common'**의 이념이 서로 통한 것이다.

차별과 빈곤에 맞서 싸워온 역사의 축적

그런 기타시바의 젊은이들이 참고한 지역 중 하나가 오사카시 스미요시구의 아사카 지역이라고 한다. 실은 내가 전에 근무했던 오사카시립대학 바로 옆이다. 벚꽃이 늘어선 아름다운 공원이 있어 아이들과 자주 놀러 갔었다. 그런데 당시 도쿄에서 이사온 지 5년째였던 나는 아사카 지역에 한때 지하철 미도스지선의 차고지가 있었고, 이 차고지와 오

** 이 책의 저자 사이토 고헤이는 《지속 불가능 자본주의》에서 마르크스 재해석의 핵심 개념으로 '커먼'을 소개한 바 있는데, 이는 사회적으로 사람들에게 공유되고 관리되어야 하는 공통의 부富를 뜻한다.—옮긴이

사카시립대, 그리고 야마토강에 둘러싸인 형태로 부락이 존재했다는 역사를 알지 못했다. "여기가 사람들이 모여 살던 곳이었어요." 사회복지법인 아사카회ぁさか会의 야마모토 슈헤이山本周平 씨가 안내한 곳은 강둑인데, 몇 년 전 대형 태풍으로 침수된 곳이라 눈을 의심했다.

1976년 고시엔 야구장 3개 정도 넓이를 가진 지하철 차고지 철거가 결정되었을 때, 아사카에서는 주민참여형으로 주변 지역을 포함한 부지 활용 방법을 결정했다고 한다. 그게 기타시바의 모델이 되었다. 하지만 그런 전통이 있는 아사카에서도 최근 커뮤니티의 힘이 약해지는 문제가 발생하고 있다. 그래서 아사카에서는 기타시바를 참고해 노인이 들를 수 있는 카페, 어린이식당 등을 설치했다. 또 반세기 전에 만들어졌고 인보관 사업의 거점인 '아사카회관'을 지역 주민들이 가볍게 들를 수 있는 장소로 만들기 위해 재작년에 자체적으로 리모델링을 했다고 한다.

비정규직과 외국인노동자도 늘어나는 요즘, 차별과 빈곤은 주민들 자신만의 문제가 아니다. 그래서 아사카와 기타시바에서는 누구나 상담할 수 있는 공간 만들기를 시작했다. 아니, "도와달라"고 말은 하지 못하더라도, 평소 교류를 통해 사소한 변화를 알아차리고 서로 돕는 '세이프티 넷safety net'(안전망)을 만들려는 것이다.

코로나 사태로 고립, 아동 빈곤이 사회문제로 대두된 가운데, 이러한 커뮤니티 형성의 중요성은 분명하다. 그러나 대도시에 사는 많은 사람들은 그 중요성을 머리로는 알고 있더라도, 타인과 관계를 만들어낼 힘을 더는 갖고 있지 못하다. 그래서 "지금까지 부락에서 해온 활동이 사회문제 해결에 도움이 된다"라고 이케가야 씨는 말한다.

　　차별을 없애기 위한 수단으로 지역과의 교류를 강화하는 이 방법은 차별에 대한 항의와 규탄을 중심으로 한 과거의 사회운동과는 다른, 젊은이다운 발상일지도 모른다. 야마모토 씨는 "'우리만 잘살면 된다'가 아니라 새로운 가치관을 만들고 싶다"고 말한다. "차별을 물리칠 수 있는 자랑할 만한 멋진 마을을 만들고 싶다"고 이야기하는 솔직한 말이 마음에 와닿았다.

　　물론 차별에 대한 분노가 없는 것은 아니다. 취업할 때나 결혼할 때의 차별뿐만 아니라 인터넷에 혐오 동영상을 올린다거나, 본인 동의 없이 인터넷에 출신지를 노출하는 '아웃팅'과 같은 차별은 지금도 계속되고 있다. 게다가 부동산 업체에 가면 여전히 계속되는 차별을 주택 가격으로 확인할 수 있다. 부락해방동맹 공부 모임에는 학교의 인권 학습 때조차 "부락 차별은 이제 없지 않아?" "주변에 없는데 왜 [부락에 대한 인권교육을] 배워야 하나?"라는 의견을 직접 듣고 있다고 보고됐다. 그러한 무지에 대한 분노는 당연하다. 수평사 선언에서 요구하듯, 변해야 하는 것은 우리 사회라는 점을 잊지 말아야 한다.

"밝은 곳에서는 어두운 곳이 보이지 않지만, 어두운 곳에서는 밝은 곳이 보인다." 야마모토 씨는 아사카에서는 대대로 이어온 이 말을 소중히 여기며 마을 만들기를 계속해왔다고 말한다. 밝은 곳에 있는 사람들도 어두운 곳에 가서 뿌리 깊은 차별 문제를 배우면, 어두운 곳을 없애기 위한 노력을 더 많이 할 수 있을 것이다.

즐거우니까 참여하는 지속가능한 부흥
소비와는 다른 가치관

오래된 민가를 공유하며 지역과 함께 살다

새집이나 자동차를 사면 기분이 좋아지고, 그것이 일상의 노력에 대한 보상처럼 느껴지는 것은 틀림없다. 하지만 대출금과 유지비는 가계를 압박하고, 새것으로 교체를 반복하는 이런 대량 소비사회는 지구 환경을 파괴한다. 20년이면 가치가 없어져 스크랩 앤드 빌드scrap and build(건물을 부수고 새로 짓기)를 반복하는 일본의 주택 사정과 자동차 검사를 이유로 새 차를 계속 구입하는 것은 분명 더는 합리적이지 않다.

"대량생산된 기성품이 쾌적하다고 느끼는 사람이 많지만, 빈집과 폐기물 문제를 해결하기 위해서는 새로운 가치

관을 길러야 한다"고 주장하는 이는 합동회사* '마키구미卷
組'의 대표 와타나베 교코渡辺享子 씨다. 이를 위해 와타나베 씨
는 미야기현 이시노마키시에서 빈집 리노베이션을 통한 지
역 활성화에 힘쓰고 있다.

와타나베 씨는 2011년 동일본대지진** 발생 당시 도쿄
의 대학원에서 사회공학을 연구하고 있었다. 하지만 자원봉
사로 이시노마키를 방문하면서 이 도시의 매력에 빠져 대
학원을 중퇴하고, 이주를 결심했다. 당시 이시노마키에는
전국에서 의욕적인 젊은이들이 많이 모여들었고, 부흥***으
로 새로운 것이 시작될 것이라는 기대와 설렘이 넘쳐났다고
한다.

---

*   설립비나 운영 비용이 낮고 출자자가 회사의 대표(개인만 출자 가능)
     라서 경영 자유도가 높은 회사. 한국의 유한책임회사와 비슷하다.-옮
     긴이

**   2011년 3월 11일 일본 동북 지방에 일어난 매그니튜드 9.0의 대지진.
     지진 후 큰 해일이 닥쳐 피해가 컸으며, 후쿠시마 원전에서도 사고가
     일어났다. 미야기현, 후쿠시마현, 이와테현의 피해가 컸다.-옮긴이

*** 재해를 입은 지역을 되살리는 정책이나 활동을 뜻하며, '재해부흥'이
     라고도 한다. 동일본대지진이 일어난 뒤 일본 정부는 동일본대지진부
     흥기본법을 제정하고 중앙 정부기관으로 부흥청을 설치하는 등 피해
     가 심각한 동북 지방을 중심으로 '부흥' 정책을 펼친 바 있는데, 예산
     이 주로 도로나 방조제, 주택 건설 등 토건사업에 들어가 비판을 받았
     다.-옮긴이

그렇지만 이 '부흥'이라는 명목하에 40미터나 되는 강관말뚝을 땅속으로 파묻는**** 모습을 보고 '이것은 지속가능하지 않다'는 확신이 들었다고 한다. 보조금을 받아 공터에 재해공영주택*****이 대량으로 지어졌는데, 대부분 가족 단위의 단독주택이나 아파트와 같은 기성품이었다. 한편 신축 주택[재해공영주택] 시장에 맞지 않는 독신 젊은이들은 주변으로 밀려났다. 이를테면 와타나베 씨처럼 외부에서 온 젊은 이주민에게는 마땅히 살 만한 주택이 없었다고 한다. 살 집이 없다는 이유로 결국 많은 청년들이 이시노마키를 떠났다. 그 결과, 지진 후 10년 동안 도시 인구는 2만 명이 줄었고, 사람들은 아파트에 모여 살게 되고 빈집이 늘어났다. 아파트 건설만으로는 '부흥'이 되지 않은 것이다.

이때 와타나베 씨가 눈여겨본 것은 건설 러시의 이면에 '어찌할 도리가 없는 매물'로 부동산 업체도 외면한 빈집이었다. 와타나베 씨의 회사 마키구미는 집과 접해 있는 도로가 없어서 법적으로 신축이 불가능하고, 그 탓에 자산가치가 거의 없는 오래된 민가를 매입했다. 그리고 직접 나서서

**** 건물의 하중을 지지하기 위해 지표면 아래 15~40미터에 강관말뚝을 묻는데, 짓는 건물 규모가 클수록 깊이가 길고 수가 많다.-옮긴이
***** 재해를 입은 지역주민을 대상으로 지자체가 부흥청으로부터 부흥교부금을 보조받아 짓는 공공주택.-옮긴이

저렴한 가격으로 리노베이션을 한 뒤 젊은이들을 대상으로 한 세련된 민박, 아틀리에, 셰어하우스로 재탄생시켰다.

새로운 숨결을 불어넣은 조금 독특한 매물에 모여든 이들은 "대량생산이나 기성품 지향 같은 가치관에서 벗어난 사람들"이었다. 오쿠보리 아키코奧堀亜紀子 씨는 이런 말을 듣고 왠지 모르게 예술가를 연상하며 방문한 아틀리에 '하구로 BASEハグロBASE'에서 동업자를 만나게 될 줄은 생각지도 못했다. 이 아틀리에는 시내에 있는 하구로산이라는 약간 높은 지대에 있어서 역과 도심에 가까우면서도 마치 산속 비밀기지에 와 있는 듯했다. 그곳에 지은 지 60~70년 된 오래된 민가를 아틀리에로 꾸민 여성 3명이 있는데, 그중에 박사학위를 받은 철학자이자 시인인 오쿠보리 아키코 씨가 있었다. 그는 패션디자이너 아베 후시에阿部史枝 씨, 목재를 판매하는 스가와라 요시코菅原賀子 씨가 임대해 쓰던 이 아틀리에에 끌려서 공간을 공유하는 사이가 됐다고 한다.

오쿠보리 씨는 재해의 기억과 애도 작업에 대한 필드워크를 통해 과거의 기억을 주제로 한 철학을 심화하려 하고 있었다. "문헌을 읽는 것뿐만 아니라, 실제 여기 사는 사람들과 똑같이 생활하고, 함께 먹고 자며 일하고 싶어요." 오쿠보리 씨가 말했다. 노인요양시설 등에서 일하면서 재야의 연구자로서 독특한 공간에 둘러싸여 사색을 이어가는 것. 이런 철학 연구 방식이 있구나 하고 매우 신선했고, 연구자로서 나 자신의 삶의 방식에 대해서도 질문해보는 계기가 된 것 같았다.

"즐거우니까" 참여한다

주거뿐만이 아니다. 원래의 생활을 되찾기 위해서는 이동수단도 중요하다. 하지만 이시노마키를 거점으로 차량 대여 지원을 계속하는 '일본카셰어링협회'의 대표이사 요시자와 다케히코吉澤武彦 씨도 부흥의 어려움을 지적한다.

요시자와 씨가 주목한 이들은 재난 피해로 교통약자가 된 노인이었다. 동일본대지진이 일어났을 때 요시자와 씨는 오사카에 있었다고 한다. 이재민을 위한 가설주택[임시조립주택]이 마련됐다는 뉴스를 보고 "재난 피해 지역에서 카셰어링을 하자"고 결심하고, 여러 기업을 돌며 "필요 없는 차를 양보해줄 수 있겠느냐"고 물었다고 한다. 무서운 행동력이다. 장롱 면허 소유자였던 요시자와 씨는 교토에 있는 물류 회사가 제공한 첫 번째 차량을 애써 운전해 이시노마키로 향했다.

가설주택에 도착하니 차가 없는 노인들이 수천 엔이나

들여 택시를 타고 병원에 다니고 있었다. 요시자와 씨는 그런 불편한 현실뿐만 아니라 지역사회의 모습에 위기의식을 느꼈다. 추첨으로 적당히 배정된 가설주택에 사는 피해 주민들은 모두 서로 낯선 사이였다. 서로 인사도 하지 않고, 공유공간에는 쓰레기가 널브러져 있었다고 한다. 주민자치회도 없었다. 각자 뿔뿔이 흩어진 사회가 가설주택에서 일어나는 고독사 같은 문제를 일으켰다.

요컨대 해결해야 할 문제는 이동수단이 있느냐 없느냐가 다는 아니었다. 그 문제뿐이라면 소형 버스를 도입하면 됐을 것이다. 그러나 진정한 의미의 부흥을 위해서는 커뮤니티를 재생해야 한다. 이를 위해 요시자와 씨는 주민들이 참여하는 '즐거운' 제도를 만들고 싶었다고 한다. 요시자와 씨에게 카셰어링 활동은 점차 그 제도를 만들 수단이 되었다.

요시자와 씨의 이야기를 듣고 있자니, 후쿠시마현 이와키시에서 로컬 액티비스트로 활동하는 고마쓰 리켄小松理虔 씨의 책《신부흥론新復興論》(2018)이 떠올랐다. 고마쓰 씨는 부흥이란 "아무 일도 일어나지 않았던 상태로 되돌리는 것"이 아니라고 말한다. 저출생 고령화가 진행되는 사회에서는 내부에서만 옛것을 억지로 유지하려고 해도 쇠퇴는 멈추지 않는다. 보조금에 의존해 도쿄의 컨설팅 회사나 NPO를 불러들이면 일시적인 거품이 생길 뿐이다. 거품이 꺼지면 '두 번째 상실'로 이어진다. 새로운 가치관과 즐거움에 기반을 둔 커뮤니티가 필요하다.

이시노마키에서 실감할 수 있던 사실은 [사회적] 고립화가 진행되고 있는 현대 일본에서도 사람들은 계기만 생긴다면 상식을 깨는 형태로 커뮤니티를 만들어낼 힘이 있다는 점이다. 그렇다 해도 "운전기사는 자원봉사자예요"라는 요시자와 씨의 설명을 들었을 때, 아닌 게 아니라 의문이 생겼다. 차를 타는 사람에게는 분명 이득이 있는데, 운전하는 사람은 왜 카셰어링에 참여하는 것일까 싶었다. 그러자 요시자와 씨가 "즐거우니까요"라고, 의외로 간단한 대답을 들려주었다.

자원봉사 운전자는 모두에게 인기가 있는 사람이 된다고 한다. 자원 활동으로 자신감을 얻게 되면, 초나이카이町内会(마을자치조직)에서 직책을 맡은 적 없던 사람이 두각을 드러내서 여름 축제를 지휘하거나 조직의 회장이 되기도 한다. 또 카셰어링으로 이어진 인연을 바탕으로 회원들은 정기적으로 다과회를 열거나 여행을 떠나기도 한다. 모든 것이 진심으로 즐겁다. 그래서 지속가능한 것이기도 하다. 이것이 바로 우버이츠와는 전혀 다른 진정한 공유경제인 것이다.

셰어하우스도 셰어카도 대지진을 계기로 시도되었는데, 주택난·고령화·커뮤니티 공동화空洞化 등 부흥을 위한 과제는 현대사회에서도 많이 시도될 필요가 있다. 실제로 지금 요시자와 씨는 이시노마키에서 시도한 사업 노하우를 살려 기후변화의 영향으로 일어난 규슈의 호우 피해 지역에 차를 보내고, 호우 피해에 더해 코로나 사태로 어려움을 겪는 이들에게도 차를 빌려주고 있다고 한다.

기후변화의 피해나 코로나 사태 이후의 경제 '부흥'이 단지 원상복귀여서는 결코 안 된다. 그렇기에 지금이야말로 이시노마키의 부흥에서 싹틔운 '커먼(공유)의 씨앗'이 전국으로 퍼져나갔으면 좋겠다. 그렇게 간절히 바랐고, 이시노마키에 가서 다시금 내가 할 수 있는 일이 무엇인지 생각하게 되었다.

후쿠시마에서 나를 돌아보다

다른 역사를 발굴할 수 있을까

탄광, 화력발전 에너지 도시

내가 환경 문제와 자본주의의 관계를 깊이 생각하게 된 계기는 대학원생 시절 동일본대지진 때 후쿠시마에서 일어난 원전 사고 때문이었다. 그 이후로 계속 후쿠시마를 취재하고 싶었다. 그리고 그때가 된다면 현지 안내는 이와키시에 거주하는 지역활동가 고마쓰 리켄小松理虔 씨에게 부탁하기로 마음먹었다.

한 번 방문했을 뿐인데 후쿠시마에 대해 거창하게 이야기하는 것은 주제넘다는 의견도 있을 것이다. 하지만 '진짜' 당사자만 이야기할 수 있게 제한한다면, 대다수 사람은 생각하지 않게 된다. 고마쓰 씨는 '사정事을 공유共한다'는 느슨

한 관계에 뿌리를 둔 '공사자共事者'라는 말을 제안하며, 모두가 '공사자'가 되어, 이를테면 '후쿠시마에서 술을 마시고 싶다'는 식의 동기에서라도 좋으니까 후쿠시마를 상상하고 생각해달라고 말한다. 이렇게 쓴 고마쓰 씨의 책《신부흥론》(2018)을 읽고서 그의 이야기를 계속 듣고 싶었다.

대지진이 일어난 후, 고마쓰 씨는 자신의 고향 이와키의 역사를 알리기 위한 투어를 기획해 100명 가까운 사람들을 안내해왔다. 투어는 JR 조반선* 이즈미역 근처에 있는 고마쓰 씨의 자택 앞에서 시작된다. 고마쓰 씨의 차를 타고 오나하마 해안으로 향하는 도중 갑자기 '미쓰비시케미컬'의 거대한 공장이 모습을 드러냈다. 미쓰비시케미컬의 전신 '니혼카세이日本化成'가 제2차 세계대전 발발 전에 오나하마로 진출했을 당시 사명社名은 '니혼스이소코교日本水素工業'였다. 고마쓰 씨가 어렸을 때 많은 주민이 이 일대를 '스이소마에水素前'라고 불렀다고 한다. 사명과 공장의 모습이 2021년 가을 방문한 구마모토현 미나마타시의 '짓소' 자회사를 방불케 한다. 도호쿠 지방 유수의 공업도시인 이와키시도 일본의 근대화를 상징하는 지방 도시다.

---

* JR Japanese Railways 조반선常磐線은 도쿄에서 출발해 동북 지방 외곽으로 운행하는 노선이다.─옮긴이

이와키시의 산업은 지금도 에너지와 떼어놓을 수 없다. 국도를 달리다 보면 갖가지 색깔의 대형 트럭이 눈에 띈다. "트럭은 석탄을 싣고서 화력발전소로 운반해요"라고 고마쓰 씨가 설명해줬다. 바다를 따라 더 달리니, 거대한 [트럭의] 탱크에서 꺼내져 쌓인 엄청난 양의 석탄 무더기가 보인다.

정부는 대지진 직후에 일어난 전력 부족 문제를 석탄화력발전으로 충당하려고 했다. 이를 위해 오나하마항을 대형 선박이 들어올 수 있는 항만 기능을 갖춘 거점 '국제 벌크 전략 항만'으로 지정하고 대규모로 개발하기 시작했다. 10년이 지난 지금, 석탄화력은 기후변화의 원인으로 혹독한 비판을 받게 되었는데, 당시에는 이런 비판을 예상하지 못했을까? 이제 와서 석탄화력을 멈출 수 없게 된 정부는 고성능 석탄화력발전소로 기후위기를 극복하려 하고 있다. 현재 항구에서 차로 15분 정도 떨어진 이와마 지역에는 이산화탄소 배출량을 줄인 석탄가스화복합발전IGCC 방식의 최신 화력발전소가 우뚝 서 있다. 하지만 그런 '이노베이션'으로 탈탄소는 불가능하다는 사실은 누구나 알고 있을 것이다.

더 나아가 바다를 바라볼 수 있는 공원 전망대에 오르니, 눈앞에 석유 콤비나트 단지가 펼쳐진다. 오나하마에 오면 도쿄에서 우리가 매일 아무 생각 없이 낭비하고 있는 에너지가 물질적인 거대한 시설로 가시화된다. 고마쓰 씨는

"이 경치를 직접 보게 되면, 이를테면 전기를 켤 때 그 전기가 어디에서 오는지 생각하게 되고, 이와키와 관련된 접점이 생겨요"라고 투어의 의도를 말해줬다.

탈탄소를 지향하는 입장에서 보면, 이렇게 지역에 뿌리내린 산업구조를 향후 수십 년 동안 해체하는 것이 얼마나 어려운 일인지 뼈저리게 느낀다. 동시에 탈탄소를 위한 정부의 방침 전환으로 이 도시가 다시 휘둘릴 것을 상상하니 마음이 복잡해진다.

실제로 이미 그런 사태가 일어나고 있다. 2013년 오나하마에서 50킬로미터 정도 떨어진 나라하 마을 앞바다에서 부흥의 상징으로 대규모 해상풍력발전 프로젝트가 시작되었다. 미쓰비시중공업과 히타치 등 일본을 대표하는 대기업이 중심이 되어 총 600여 억 엔이나 투입한 대규모 사업이었다. 하지만 잘 작동되지 않는 문제 등이 잇따르면서 거대한 풍력발전기 3기를 2021년에 전부 철거했다. 결국 석탄과 항구만 남았다.

근대의 성장 이야기

석탄의 역사에도 그림자가 있다. 이바라키현 북부까지

펼쳐진 조반탄전常磐炭田은 메이지 시대 이후 일본 국내 공업의 발전을 지탱했다. 그러나 전후에 에너지 상황이 급변하고 값싼 석탄과 석유가 수입되면서 탄광은 차례로 폐쇄되었다. 지금도 이와키 시내에서는 탄광노동자가 살던 낡은 주택을 여기저기서 볼 수 있지만, 더는 활기가 없다.

한때 탄광에서 일했던 와타나베 다메오渡辺為雄 씨가 직접 만든 '미로쿠사와탄광자료관みろく沢炭鉱資料館'에서 이러한 흥망성쇠를 기록해놓았다. 아흔이 넘어서도 관장을 맡던 와타나베 씨는 이미 세상을 떠나 자료관은 무인 상태인데, 손수 만든 오두막에는 굴착 도구와 사진 등이 진열되어 있고, 손글씨로 쓴 열정 가득한 설명문이 벽면에 붙어 있다. 게다가 자료관 옆에 탄광 입구마저 수작업으로 재현해놓아 놀라움을 자아냈다.

생전에 와타나베 씨가 했을 석탄에 대한 생각, 항상 위험이 따르는 작업을 하는 가운데 광부들이 일본의 고도 경제성장을 뒷받침해왔다는 노동에 대한 긍지를 느끼게 한다. 한편 그 성장 스토리가 원전으로 대체되는 변천 과정을 보면 다른 길은 없었는지 묻지 않을 수 없다. 조금만 파면 얼마든지 석탄이 나온다는 '우연'이 이 도시를 바꿔놓은 것이다.

고마쓰 씨의 안내로 알게 된 것은 잃어버린 역사다. 당연히 이와키시에는 석탄이 나오기 전부터 사람이 살았고,

소규모 어업과 농업을 중심으로 한 지역의 풍부한 전통과 문화가 있었을 것이다. 하지만 지금은 근대화 이전의 역사는 싹둑 잘려나가고 없다. 남은 것은 도쿄로부터 강요받은 근대화 이후의 기억이다.

이 근대사관은 부흥에도 그림자를 드리우고 있다고, 고마쓰 씨는 말했다. 이 지역에서 "부흥의 이미지는 근대화의 풍요로움과 떼려야 뗄 수 없는 관계"라는 것이다. 그 결과 중 하나가 대지진 후 대형 쇼핑몰과 거대한 항구의 건설일 것이다. 하지만 풍평 피해*도 계속되는 가운데 항구에 활기가 넘친다고 보기는 어렵다. 정말 다른 역사를 발굴해서 좀더 다른 미래의 모습을 이야기할 수는 없는 것일까?

취재가 끝날 무렵, 이와키 중심부에서 북쪽으로 60킬로미터쯤 올라갔다. 귀환곤란지역**으로 지정된 후타바 마을에 '동일본대지진·원자력재해전승관'이 있었다. 1년 반 전에 막 개관한 큰 건물인데, 코로나 사태도 있고 해서 우리 일

---

* '풍문에 따른 피해'를 뜻하는 말. 후쿠시마 원전 사고 이후 후쿠시마 원전에서 가까운 지역들에서 생산된 농수산물이 방사능에 오염되었다는 우려의 목소리가 커졌고, 이에 따른 농어민의 생계 어려움 등을 '풍평 피해'라고 한다.-옮긴이

** 후쿠시마 원전 사고가 일어난 후 방사선 피폭량이 연간 50밀리시버트를 넘어 주민들을 귀환할 수 없게 한 지역.-옮긴이

행 말고는 방문객이 거의 없었다. 거기에서 피해 지역 주민들이 직접 들려주는 강연 프로그램이 열린다고 했다. 그날은 후타바 마을에서 조경업을 하던 다카쿠라 이스케高倉伊助 씨의 이야기가 있었다.

자신의 집뿐만 아니라 지인이 쓰나미에 휩쓸려간 과정을 눈물 흘리며 이야기하는 다카쿠라 씨의 모습에 가슴이 먹먹해졌다. "개인적인 견해인데요"라고 선을 그으면서도 원전 사고로 사람들에게 "피해를 끼쳐서 죄송하다"라고 말하고, 나아가 "핵폐기물 처리장으로 우리 지역을 활용하는 것이 최선의 선택"이라고 제안한 것이 인상적이었다. 왜 자신의 고향을 잃은 다카쿠라 씨가 오사카에서 온 나에게 사죄하고 핵폐기물을 수용하자고 주장하는 것일까? 여기서도 근대화 이야기가 무거운 그림자를 드리운다.

냉혹한 현실을 앞에 두고, 사상가인 내게는 고마쓰 씨와 같은 지역적인 실천 활동도, 이와키시의 탈탄소를 위한 로드맵도 없다. 무력감에 괴로울 때도 있지만, 원전 사고 이후 10년이 지나도록 근대화라는 저주 앞에서 줄곧 정체된 일본은 사고의 틀을 바꿀 필요가 있고, 그것이 사상의 역할이라고 믿고 있다. 물론 사상은 책상 앞에서만 있어서는 생기지 않는다. 현장에 가서 묻혀 있는 전통과 문화를 발굴하고 새로운 가치로 제시하는 작업의 중요성이 커지고 있다.

유럽과 미국만 바라보기 쉬운 나 자신을 경계하면서, 코로나 사태가 진정되면 모두가 안심하고 풍요롭게 살 수 있는 사회를 목표로 일본 전국에서 분기점이 될 힌트를 찾아 다시 나서고 싶다.

아이누는 지금

타인과 연대하기
위한 한 걸음

우포포이, 위령시설로

도쿄에서는 벚꽃이 만개한 2022년 3월 말, 홋카이도에
는 아직 눈이 녹지 않았다. 삿포로에서 차로 한 시간 정도 떨
어진 홋카이도 시라오이군 시라오이초에 있는 '민족공생상
징공간 우포포이民族共生象徴空間ウポポイ'*로 향했다. 2020년 7월
문을 열었고, 아이누 문화의 부흥과 이해 증진을 목적으로
한 시설인데, 코로나 사태로 인한 이동 제한으로 줄곧 갈 수

---

* 　아이누 민족의 역사와 문화를 알리는 국립 시설. 아이누어로 '여럿이
　서 같이 부르는 노래'란 뜻의 '우포포이'라고 줄여서 부르기도 한다. 한
　국어 홈페이지는 https://ainu-upopoy.jp/ko.-옮긴이

없다가 1년 반 만에 드디어 갈 수 있게 됐다.

　도쿄 출신인 내게 '아이누'* 하면 가장 먼저 떠오르는 것은 만화 《골든 카무이》**가 아닐까 싶다. 하지만 작품의 배경은 메이지 시대. 현대의 아이누에 대한 지식은 부족하다. 우리에게 아이누의 문화와 역사에 대해 배울 기회가 너무 적은 것이다.

　그런 의미에서 우포포이는 나 같은 와진和人***이라면 한 번쯤은 방문해야 할 시설이다. 큰 시설에서 일본 정부의 진심을 느꼈다. 전시, 아이누의 노래, 춤 라이브 공연을 통해 아이누 민족의 문화와 세계관의 일부를 접할 수 있다. 특히 전시 내용이나 시설 설명이 모두 가타카나 표기로 된 아이누어로 기술되어 있는 점****에서 문화 계승에 대한 강한 의

지를 느낄 수 있었다.

그렇지만 기술된 내용 배치는 어려워 보인다. 전시 내용은 폭넓지만, 취재를 위해 몇 권의 책을 읽고 예습한 정도의 나도 알고 있는 내용이 대부분이었다. 무엇보다 와진에 의한 침략의 역사나 현재까지 이어지는 차별 문제에 대한 설명이 불충분한 게 아닐까? 유달리 붐비는 뮤지엄 숍에서 인형과 머그컵을 집어 보면서 '관광 아이누'*****라는 말이 뇌리를 스쳤다.

우포포이에 병설된 위령시설을 방문했을 때, 그런 인상을 더욱 강하게 받았다. 와진은 연구조사라는 명목으로 아이누의 무덤을 무단으로 훼손하고 도굴해 누구의 뼈인지도 모르는 상태로 보관해왔다.****** 비판 여론에 따라 가까스로 일본 정부는 태도를 바꿨는데, 2020년 선주민 유골 반환의 세계적 흐름에 따라 출토 지역을 알 수 있는 유골은 반환하겠

***** 아이누 사람들을 관광산업의 구미에 맞춰 전통적인 모습으로 재현하는 것.-옮긴이

****** 1930년대에 일본의 제국대학(현 홋카이도대학, 교토대학, 도쿄대학 등 국립대학) 의학부에서 식민지주의적이며 인종주의적인 골상학, 우생학에 기초해 홋카이도의 선주민 아이누 민족, 오키나와의 선주민 류큐 민족의 유골을 도굴해서 오랫동안 보관하거나 해외로 반출(외국 박물관에 기증)했다. 후손과 선주민 운동가들이 각 국립대학을 상대로 제기한 유골 반환 소송이 이어져왔다.-옮긴이

다고 밝히며 반환 신청을 받았다. 다만 즉시 반환할 수 없는 유골은 우포포이의 위령시설에 보관하기로 해서 1300여 구의 유골이 안치되었다.

입구 경비원이 바로 저기에 위령시설이 있다고 해서 찾아 나섰건만, 5분 정도 차로 가도 보이지 않는다. 역시나 지나친 거겠지 싶어 왔던 길로 천천히 돌아가니 겨우 찾을 수 있었다. 그곳에는 거대한 위령비와 납골당이 있었는데, 우포포이에서 조금 떨어져 있어서 우리 말고는 아무도 없었다. 물론 위령시설이니까 사람들로 붐빌 필요는 없다. 하지만 우포포이는 나름대로 북적였는데, 걸어서 갈 수 있는 거리에 있는 위령시설에는 방문객이 한 명도 보이지 않는다. 우포포이에 있는 전시에 역사적 배경에 대한 설명이 없고, 팸플릿의 지도에도 위치가 기재되어 있지 않기 때문이 아닐까?

유골의 편력을 찾아보면, 대부분 홋카이도대학에 귀착된다. 그 현장을 안내해준 사람이 홋카이도대학 '아이누·선주민연구센터'의 이시하라 마이石原真衣 씨다. 유골이 위령시설로 안치되기 전에는 아이누·선주민연구센터에서 걸어서 10분 남짓, 홋카이도 의과대학 주차장 한편에 쓸쓸히 자리한 낡고 작은 건물이 유골 보관소였고, 아직도 유골 몇 구가 그곳에 남아 있다고 한다. 하지만 이곳 역시 대학 캠퍼스

지도에는 나와 있지 않다. 소수자minority의 역사는 망각된다. 우리는 조용히 합장했다.

복잡한 당사자의 목소리

이시하라 씨는 자신의 저서 《'침묵'의 자전적 민족지》(2020)에 썼듯, 할머니가 아이누인이다. 하지만 그 사실을 친구에게 전하자 갑자기 '아이누'로 간주되어 당황했다고 한다. 그동안 아이누 문화를 거의 접하지 않고 살아왔는데 자신의 동의도 없이 갑자기 '아이누'로 지목된 것이다. 전통 의상도 입고 싶지 않고, 아이누어를 배우고 싶은 것도 아닌데 말이다. 그러나 그렇게 말하자 다른 아이누 사람들이나 지원자들에게서 "정체성이 흔들리고 있다"고 비판받았다고 한다.

여기에는 소수자가 놓인 복잡한 구조가 있다. 권리 보장을 위한 사회운동에서는 이른바 '아이누'로서 알기 쉬운 이미지가 요구되어온 측면이 있다. '와진/아이누'라는 이분법적 대립 구도 속에서 아이누의 이미지는 일원화되었다. 한편 자녀에게 아이누의 문화를 물려주지 않기로 선택하는 가정도 있다. 이사나 결혼을 이유로 커뮤니티와 멀어지는 경우도 있다. 그렇게 되면 자녀 세대는 더는 이 문제에 신경 쓰지 않아도 될지 모른다. 그런데 이시하라 씨는 기존의 '아이누'상에 부합하지 않으면서도 아이누에 대한 차별에는 맞서려는 '제3항의 당사자'의 목소리는 빼앗겼다고 자신의 경험을 바탕으로 지적한다.

"전통적으로는 그렇습니다만"

일률적인 이야기로는 해결되지 않는 아이누 문화 계승 문제는 어떻게 진행해야 할까? 이 문제에 대해 배우려고 다음 날 삿포로대학을 방문했다. 목적은 삿포로대학 교수 혼다 유코本田優子 씨가 2010년에 시작한 '우렛파 장학생제도'*를 알아보기 위해서였다. 이 제도를 이용하면 아이누 학생들은 4년간 대학 수업료가 면제된다고 한다.

혼다 씨에 따르면, 장학금을 제안한 시기가 마침 리먼 쇼크 직후라서 다른 많은 학생들도 어려움을 겪고 있는

---

* 아이누 젊은이들의 대학진학률이 저조해 그들에게 고등교육 기회를 주자는 취지로 생긴 장학제도. '우렛파'는 '서로 성장한다'는 뜻의 아이누어.-옮긴이

데 '역차별'을 한다며 강하게 반대하는 의견도 있었다고 한다. 그런데도 혼다 씨는 '공생과 조화'라는 문화학부의 이념에 비추어 주변을 설득했을 뿐만 아니라, JR 홋카이도 등 대기업의 찬성도 이끌어냈다고 한다. 아이누 학생들은 경제격차도 있고, 취업 차별도 있기 때문에 아이누 문화를 긍정하는 경험은 존엄성 회복을 위해 꼭 필요하다고 혼다 씨는 주장한다. 입학 후에 장학생이 소속해야 하는 '우렛파 클럽' 활동에서는 일본인 학생도 같이 아이누 문화, 역사, 언어를 방과 후에 배운다. '아맛포'(활)를 만들어 사냥하는 방법을 배울 수도 있다고 한다. 그야말로 만화《골든 카무이》의 세계다. 하지만 그렇게 단순하지 않다. 장학생으로 졸업한 후 현재 삿포로대학 직원으로 근무하는 오카다 유키岡田勇樹 씨의 말을 듣고 전날 들은 이시하라 씨의 이야기가 떠올랐다.

오카다 씨는 사냥 면허를 취득하고 실제로 아이누 전통 방식으로 사슴을 활로 쏘려 했다고 한다. 그런데 사슴과 눈이 마주치자 활을 당길 수 없었다. 그런 이야기를 들었을 때 나는 "카무이(신)가 보내준 것이니 선물로 받아들이면 되지 않느냐"고 솔직하지만 어리석게 묻고 말았다. 오카다 씨는 "전통적으로는 그렇습니다만, 아이누가 세상을 바라보는 관점도 시대에 따라 달라져야 하지 않을까요?"라고 대답했다.

확실히 의례를 이유로 새끼 곰을 죽이는 '이오만테'*는 현대 일본의 가치관으로 보면 잔혹하게 느껴진다. 하지만 외부에서 그것을 '야만적'이라고 말하기는 쉽고, 이 문화에 대한 이해가 부족하다. 한편 그것이 전통문화라는 언뜻 정당해 보이는 주장도 이제 더는 곰을 가까이하지 않는 환경에서 자란 아이누에게는 당연히 갈등을 불러일으킨다. 전통을 바꾸는 것은 일본인의 동화정책에 굴복하는 것일까? 내가 겪어보지 못한 이시하라 씨와 오카다 씨의 고민을 앞에 두고, 나 자신의 다수자로서의 위치를 마주하게 된다.

지나치게 분별력 있는 사회

조금 공부하고서 다른 문화를 이해했다고 착각하기 쉽다. 내가 아이누의 책을 읽고 우포포이에서 전시를 봤을 때 바로 그랬다. 하지만 거기에 안주하다 보면 그런 '이해하기

---

* 아이누 민족의 전통 의례로 불곰 새끼를 잡아 기른 다음, 자라면 장식한 후 활로 쏴서 죽여 신에게 제물로 삼아, 불곰의 영혼을 신의 세계로 보내는 의식. 강에서 물고기를 잡거나 숲에서 곰이나 사슴과 같은 야생동물을 사냥하며 살아온 아이누 민족에게 가장 큰 전통 의례인데, 현대에는 거의 사라졌다. '이'는 '그것'을, '오만테'는 '돌려보낸다'는 뜻의 아이누어로 '이오만테'는 '곰의 영혼 보내기'를 의미한다.—옮긴이

쉬운' 이미지와 일치하는 소수자만 선별해서 포섭하는 것으로 이어지지는 않을까? 거꾸로 그런 이미지에 일치하지 않는 이시하라 씨나 오카다 씨와 같은 존재에 대해서는 배제나 불관용의 태도를 보이게 된다. 그리하여 일부 '당사자'도 '관리하기 쉬운 주체 만들기'에 안주해왔다는 이시하라 씨의 비판은 예리하다. 그래서 "(다른 당사자나 지지자들에게) 민폐다"라는 말을 듣더라도 "국가·자본·가부장제를 확대하는 것이 아니라, 우리 자신을 위한 회복·치유를 원한다"라고 이시하라 씨는 주장한다.

그것은 이해하기 쉬운 스토리에서 떨어져 나와서, 보이지 않게 된 사람들의 목소리에 귀를 기울이는 것이다. 그런데 그것이 실은 우리 스스로가 느끼는 고통에 귀를 기울이는 것이기도 하다는 점이 이시하라 씨가 쓴 책의 메시지라고 느꼈다. 왜냐하면 이 사회에서는 모두가 다양한 이유로 고통을 겪고 있음에도 그 고통은 '상식'이라든가 '출세'라는 명목으로 억압되고 보이지 않게끔 되어 있기 때문이다.

물론 나나 당신의 고통은 아이누 사람들과 같은 정도의 고통이나 갈등은 아닐지도 모른다. 하지만 "나의 고통은 별거 아니다" "더 괴로운 사람이 있다"라며 모두가 참는 탓에 일본은 '침묵하는 사회'가 되고 말았다고 이시하라 씨는 말한다. 그렇다면 자신을 소중히 하기 위해 자신의 감정에 말

을 부여하는 것은, 모두 '지나치게 분별력 있는' 이 사회에서
타인과 연대하기 위한 한 걸음이다.

그래서 우리는
현장으로 가야 한다

　이 책은 《마이니치신문》 문화면에 2020년 4월부터 2022년 3월까지 연재된 기획기사 〈사이토 고헤이의 분기점 일본〉을 엮은 책이다. 이번 출판에서는 신문의 한정된 지면 때문에 생략해야 했던 부분 등을 적절히 보완하고, 표현도 크게 바꾸었다.

　이 연재에 대한 기억은 '힘들었다'로 요약할 수 있다. 연재 시작이 코로나 사태와 겹쳐서 비상사태가 선언됨에 따라 이동과 취재 방식에 많은 제약이 따랐기 때문이다. 평소 사상 연구는 방에 틀어박혀 텍스트를 마주해야 하니까 '현장에 간다'를 주제로 한 연재를 제안받았을 때 무척 반가웠는데, '현장에 간다'는 것이 이토록 어려울 줄은 전혀 상상하지 못했다.

결과적으로 회의 단계에서 거론된 많은 취재 기획도 포기할 수밖에 없었다. 또 막상 움직이기 시작한 경우도 직전에 어쩔 수 없이 계획이 변경되기도 했다. 그래도 매달 마감일은 금세 다가온다. 감염 폭발로 현縣을 넘나드는 이동을 갑작스럽게 자제해야 했을 때, '모여봐요 동물의 숲'과 같은 게임과 '재택근무'로 현장 취재를 대신하기도 하고, 집을 현장 삼아 '탈 플라스틱 생활'에 도전하기도 했다. 그런 의미에서 이것은 코로나 사태의 기록이기도 하다.

이런 예상치 못한 스트레스 상황인데도 끝까지 연재를 완주할 수 있었던 것은 《마이니치신문》 오사카 학예부 시미즈 유카清水有香 씨의 지원 덕분이다. 시미즈 씨에게 진심으로 감사한다. 그런데 꼭 가보고 싶던 장소가 몇 군데 남았다. 그래서 이 책을 출간하기에 앞서 그중 하나인 아이누 문화에 대한 추가 취재를 포함하기로 했다. 이렇게 해서 이 책의 원고가 2년에 걸쳐 갖춰졌다.

그럼 다시 한번 전체 내용을 되돌아보면, '분기점 일본'이란 무엇이었을까? 신문 연재 때는 지면의 제약으로 어떤 의도로 이 현장과 주제를 선택했는지 다룰 기회가 거의 없었다. 그래서 소급하는 형태가 되겠지만, 여기서 기획 배경과 문제의식에 대해 약간 보충해 후기를 대신하려 한다.

현장으로 가자

지금도 잘 기억하는데, 2019년 12월 오사카시립대 연구실에서 시미즈 유카 씨로부터 이 새로운 기획에 대한 이야기를 들었을 때, 놓쳐서는 안 될 공부 기회라고 생각했다. 그것은 두 가지 의미에서 내가 당시 느꼈던 과제와 깊은 관련이 있는 제안이었기 때문이다.

첫 번째 이유는 내 연구와 관련 있다. 대학에 입학한 이후 내가 마르크스의 사상을 꾸준히 연구하고 포스트 자본주의의 가능성을 생각해온 배경에는 자본주의가 만들어내는 빈곤과 환경파괴에 대한 분노가 있었다. 그래서 고전을 연구할 때도 이론은 단지 탁상의 것[머리로만 생각한 것]일 수는 없었고, 반빈곤운동이나 반핵운동에도 관여해왔다. 하지만 사회에는 노동 문제, 환경 문제 외에도 젠더차별, 인종차별 등 수많은 문제가 있고, 그것들이 복잡하게 얽혀 있다. 그런데도 여러 이유로 그런 다양한 문제에 대해 배우기를 게을리해온 데 한계를 느꼈다. 때마침 박사학위 논문을 일본어로도 출판하고 마무리되어 그동안 내가 충분히 관심을 기울이지 못해온 문제를 배울 계기로 삼아야겠다고 생각했다.

또 그때가 되면 일본의 현장을 직접 보고 싶다고 바라고 있었다. 이것이 두 번째 이유다. 고등학교를 졸업하고 서른에 오사카시립대학에 취직할 때까지 나는 계속 해외에서 공부했다. 그런 까닭에 내가 알고 있는 흥미로운 사회운동 사례도 유럽과 미국을 중심으로 한 것이 많았다. 그런데 바르셀로나, 파리, 베를린 등 해외의 선구적인 사례를 소개하면 "그건 유럽이니까 가능하죠"라는 반응에 자주 직면했다. 나로서는 스페인에서도 할 수 있으니 일본에서도 할 수 있다는 긍정적인 마음인데도, 그렇게 반응하는 것이 안타까웠다.

동시에 일본에서는 안 될 거라고 말하는 이들의 마음도 잘 알고 있다. 많은 사람에게 사회운동은 결국 먼 존재인 것이다. 팬데믹, 전쟁, 저출산, 인플레이션 등 미래의 분기점에 직면한 일본에서 새로운 사회의 싹을 키워나가려면, 먼저 일본의 현장을 똑똑히 직접 보고 거기서부터 생각해야 한다고 느꼈다. 마르크스의 시각으로 말하자면, 사람들의 삶과 지구 환경을 파괴하는 글로벌 자본주의를 대체할 포스트 자본주의사회—'코뮤니즘'—를 상상하기 위해서다.

그래서 연재 주제 중 하나는 현대 일본에서 '커먼'의 가능성을 발견하는 것이었다. 그러니 먼저 '커먼'이 무엇인지, 그리고 '커먼'이 '코뮤니즘'과 어떻게 관련되는지 살펴보자.

과거 우자와 히로후미宇沢弘文[*]가 강욕[탐욕]자본주의에

---

[*]   1928~2014. 수리경제학, 공공경제학을 연구한 경제학자. 시카고대

대한 처방으로 '사회적 공통자본[social common capital]'이라는 개념을 제창한 것은 잘 알려져 있다. 살아가는 데 누구나 필요로 하는 것을 시장의 화폐나 상품거래에 맡기지 않고, 자연환경과 수도·전력 등 사회적 인프라, 교육, 문화 등 자본제도를 '탈상품화'할 필요성을 알기 쉽게 설명했다.[**]

'커먼'의 발상도 큰 틀에서는 우자와의 구상과 유사하다. 다만, 안토니오 네그리와 마이클 하트가 말한 '커먼'이라는 개념에서 강조하는 것은 단지 임의로 탈상품화만 하면 되는 것은 아니라는 점이다.[***] 그 이유는 두 가지다. 첫째, 탈상품화하더라도 그 관리하는 노하우를 전문가와 관료

학, 도쿄대학 등에서 가르쳤고, 2003년 도시샤대학에서 사회적공통자본연구센터를 열었다. 한국어로 번역 출간된 저서로는 《사회적 공통자본》《자동차의 사회적 비용》《사회적 공통자본의 경제학》《경제학이 사람을 행복하게 할 수 있을까?》가 있다.-옮긴이

[**] 저자 주. 宇沢弘文, 2000, 《社会的共通資本》, 岩波書店. [우자와 히로후미는 하나의 국가 내지 특정 지역에 사는 모든 사람이 풍요로운 경제생활과 품격 있는 문화를 영위하고, 인간적으로 매력 있는 사회를 지속적이고 안정적으로 유지하게 하는 자연환경과 사회적 장치를 '사회적 공통자본' 개념으로 설명한 바 있으며, 그 세 가지 범주로 대기·물·삼림 등의 자연환경, 도로·교통기관·상하수도·전력 등의 사회적 인프라, 교육·의료·금융 등의 제도 자본을 나누어 논했다.-옮긴이]

[***] 저자 주. アントニオ·ネグリ & マイケル·ハート, 2022, 《アセンブリ》, 岩波書店, 5쪽. [한국어판: 안토니오 네그리·마이클 하트, 《어셈블리》, 이승준·정유진 옮김, 알렙, 2020, 24~25쪽.]

들이 독점하면, 시민들은 무력하고 수동적인 소비자나 수급자가 될 수밖에 없다. 그렇게 되면 지배·종속관계가 생겨 공평성이 훼손될 수 있고, [탈상품화된 커먼의 관리를] 남에게 맡길 뿐인 시민들 사이에서는 무관심이 확산될 것이다. 사회의 부를 지속가능한 방식으로 관리하려면 전문가가 아닌 사람들도 자발적으로 참여할 수 있는 자치구조를 만들 필요가 있다.

둘째, 설령 '사회적 공통자본'이 민주적으로 운영될 수 있다고 하더라도, 그 혜택을 선진국의 다수가 독점하고, 그 부담을 개발도상국이나 마이너리티에 전가한다면, 공정한 사회는 실현되지 않는다. 그래서 '커먼'에는 더욱 포괄적인 평등에 대한 관점이 요구된다. 그리고 그러한 공정한 사회는 자본주의의 틀 안에서는 실현될 수 없다는 점에서 우자와의 논의와는 차이가 있다.

민주적으로 공정한 부의 관리를 실행하는 것, 그것이 '커먼'형 사회로서 '코뮤니즘'이 지향하는 바이다. 따라서 여기서 말하는 '코뮤니즘'은 소련이나 중국으로 이미지화된 사회주의·공산주의와는 전혀 관계가 없다. 그리고 단지 추상적 이념은 아니다. 코뮤니즘은 이미 부분적·잠재적으로 지금 이 사회에도 존재하기 때문이다. 데이비드 그레이버는 이를 '기반적 코뮤니즘Baseline Communism, 基盤的コミュニズム'이

라 부른다.* 우리는 화폐나 상품 거래를 기반으로 돈벌이와 비용 대비 효율만 중시하며 사는 게 아니라, 가족이나 친구 사이는 물론이고 대기업 간에도 서로 필요한 것을 무상으로 제공하며, 서로 돕고 있다. 이러한 서로 돕기가 없다면, 자본주의도 성립할 수 없다. 이런 때에 한해, 코뮤니즘은 자본주의사회의 기초라고도 할 수 있다.*

만약 코뮤니즘이 어디에나 있다는 가정하에 '커먼'의 영역을 좀 더 넓혀가면 또 다른 사회의 윤곽이 드러날 것이다. 다행히 일본에도 시장 논리가 사회 전체를 뒤덮은 신자유주의 사회에 맞서 새로운 시도를 하는 사람들이 있다. [나라현] 이코마의 시민전력, 노동자협동조합, [미야기현] 이시노마키의 셰어하우스와 카셰어링, [교토대 학생자치 기숙사] 구마노 기숙사의 자치 등 이 책의 주제는 일본의 '커먼' 실천과 만나는 것이었다.

---

*   저자 주. デヴィッド・グレーバー, 2016, 《負債論》, 以文社, 142쪽. [데이비드 그레이버가 사용한 원어는 'Baseline Communism'이며, 한국어판 《부채, 첫 5,000년의 역사》(정명진 옮김, 부글북스, 2021)에는 '기본 공산주의'라고 번역되어 있다.-옮긴이]

위태로운 지구

　그런 가운데 2020년 9월에 출간한 《지속 불가능 자본
주의》[2020년 출간된 일본어판 원제는 《인신세의 '자본론'人新世の「資
本論」》]에서 제시한 '탈성장 코뮤니즘'은 나의 예상을 훨씬 뛰
어넘어 큰 반향을 일으켰다. 그리고 일본에서도 기시다 정
권[2021~2024년]하에서 '새로운 자본주의'*가 제창되어 지금
까지의 신자유주의 노선이 비판받게 되었다. 또 세계적으로
도 신자유주의를 '그레이트 리셋great reset'** 하자는 주장이
나오면서, 다양한 포스트 자본주의 논의가 나오고 있다. 이
정도까지 자본주의에 대한 반감이 강해진 이유는 코로나19
팬데믹을 통해 그동안 누적되어온 사회의 모순이 확실히 가

시화됐기 때문일 것이다. 바로 경제격차와 환경위기다.

코로나 사태로 세계 인구 99%의 소득이 감소한 반면, 세계 10대 부자들의 자산은 두 배로 늘어났다. 이제 상위 1%가 전체 자산의 38%를 독점하고 있다고 한다. 미국에서는 100만 명 이상이 코로나19로 사망하는 동안 부유층의 자산은 역대 가장 빠른 속도로 증가했다.[***]

더욱이 코로나로 인해 감염 위험에 노출된 채 일하는 필수 노동자들의 열악한 처우가 큰 사회적 문제로 대두되었다. 사라지더라도 누구 하나 곤란하지 않을 불필요한 일(이른바 '불쉿 잡')을 안전한 곳에서 하면서 부를 늘리는 한 줌의 특권층은 고통받고 있는 사람들에 대한 상상력을 잃어가고 있다.

환경위기도 멈추지 않고 있다. 팬데믹의 배경에는 육식의 증가가 있다. 사료 재배와 방목지 확대로 인해 세계적으로 삼림 벌채가 가속화되고 있다. 과도한 삼림 벌채는 생물다양성을 빼앗고, 나아가 기후변화를 촉진한다. 기후위기는 동물의 서식 환경을 크게 바꾸고, 이는 또 다른 팬데믹을 일

[***] 저자 주. https://www.bloomberg.co.jp/news/articles/2021-12-07/R3QLW7T1UM0X01 〈코로나 사태는 초부유층의 황금기, 부를 한꺼번에 증대: 세계에서 불평등이 커진다〉(《블룸버그》 일본어판, 2021.12.7.).

으킬 것이라고 이야기되고 있다. 그때가 되면 다시금 코로
나 사태처럼 기아와 빈곤이 확산되는 악순환이 벌어질 것이
다. 유엔이 2030년까지 달성하자고 한 SDGs(지속가능발전
목표)는 바야흐로 절망적인 상황이 되어가고 있는데, 앞으로
도 팬데믹, 기후변화, 전쟁과 같은 형태로 자연적 요인과 사
회적 요인이 얽혀 인류의 문명 생활이 휘둘리는 만성적 비
상사태에 돌입할 것이다. 이것이 바로 인간이 지구의 모습
을 근저부터 바꿔버린 '인류세Anthropocene'라는 시대적 위기
와 다름없다.

　문명의 위기를 앞둔 갈림길에서 지금까지처럼 경제성
장 노선으로 갈 것인가, 아니면 다른 방식을 찾을 것인가.
이 점이 바로 지금 주목받고 있다. 물론 '새로운 자본주의'
를 포함한 세계의 주류는 경제성장 노선이고, 일본도 가파
GAFA[구글, 애플, 페이스북, 아마존]가 주도하는 디지털 트랜스
포메이션, 배양육과 유전자조작 바이오테크놀로지, 올림픽
과 엑스포, 리니어* 건설과 핵융합, 우주개발 등을 어떻게든
따라잡기 위해 안간힘을 쓰고 있다. 하지만 그것이 과연 우
리가 나아가야 할 길일까? '성장과 분배'라는 슬로건은 분명

---

*　초전도체를 응용한 리니어 모터Linear motor(선형 전동기) 기술을 이
　용한 고속열차 등을 말한다.-옮긴이

매력적이고, 기술혁신은 편리하고 쾌적한 삶을 실현해줄 것처럼 보인다. 하지만 우버이츠든, 배양육이든, 진구가이엔의 재개발[**]이든, 지금 하고 있는 방식을 연장한다면 오히려 격차를 확대하고 자연을 파괴하며 낭비적인 삶을 강화하는 결과를 낳을 뿐이다.

경제성장을 추구함으로써 이노베이션이 진행되어왔다는 점은 틀림없다. 설령 그 과정에서 여러 문제가 발생하더라도, 더 첨단화된 기술발전으로 이를 해결하고 경제를 성장시키는 방식으로 자본주의사회는 발전해왔다. 하지만 그것이 정말 효율이 좋았을까? 또 앞으로도 기존 방식으로 지구 규모의 문제에 대처하고, 해결할 수 있을까? 다양성diversity도, SDGs도 금세 허울뿐인 '워시'[위장]가 되고 만 현실 앞에서, 자본주의는 해결책이 아니라 문제의 일부가 아닐까 싶은 의구심이 생긴다.

그래서 지금 세계에서는 Z세대를 중심으로 과감한 '시

[**] 도쿄 시부야구에 있는 메이지진구가이엔 일대를 재개발하겠다는 도쿄도의 계획으로, 미쓰이부동산, 이토추상사, 메이지신궁 등이 재개발에 참여하여 수령 100년이 넘은 나무들이 있는 숲을 베고 낡은 스포츠 시설 등을 허물고 최신 스타디움과 초고층 빌딩을 짓겠다는 내용이다. 2023년 2월 도쿄도에서 사업을 승인한 바 있으나 시민사회와 예술가들의 반대운동이 이어지고 있다.-옮긴이

스템 변화'를 요구하는 목소리가 커지고 있다. 때로는 대화뿐만 아니라, 기업이나 정치인과 대립하기를 두려워하지 않는 그들의 자세는 과격하다는 비난을 받기도 한다.[*] 이러한 '제너레이션 레프트'의 물결은 센다이에서 연좌농성하는 젊은이들처럼 일본에도 나타나고 있다. 미래를 지키기 위해 나는 그들과 연대하고 싶다.

약자의 입장을 생각하다

그렇게 말하더라도, 여전히 "자본주의의 종말보다 세상의 종말을 상상하는 것이 더 쉽다".[**] 다른 사회에 대한 상상력을 어떻게 되찾을 수 있을까? 결국 어리석은 인간은 정말 세상의 종말로 치닫게 되는 것일까?

1995년 한신대지진 후, 정신과 의사로서 재해 피해자들의 PTSD(외상후스트레스장애)를 돌보다가 암으로 젊은 나

---

[*]   저자 주. キア・ミルバーン, 2021,《ジェネレーション・レフト》, 堀之
       内出版. [Keir Milburn, 2019, *Generation Left*, Polity Books.]

[**]   저자 주. マーク・フィッシャー, 2018,《資本主義リアリズム》, 堀之内
       出版. [한국어판: 마크 피셔,《자본주의 리얼리즘》, 박진철 옮김, 리시
       올, 2018.]

이에 사망한 안 가쓰마사安克昌는 자신의 지진 피해 경험을 기록한 《마음의 상처를 치유하는 일》에서 이렇게 묻고 있다. "일본 사회는 인간의 '강인함'과 '상처받지 않는 마음'을 당연한 것으로 여겨왔다." "앞으로 일본 사회는 인간의 상처받기 쉬운 마음을 어떻게 받아들일 것인가? 상처받은 사람이 마음을 치유할 수 있는 사회를 선택할 것인가? 아니면 상처받은 사람을 버리는 가혹한 사회를 선택할 것인가?"*** 당시가 바로, 거품경제 붕괴 후 일본이 대지진을 계기로 경제성장 일변도의 사회에서 상처받은 사람들에 대한 케어를 중시하는 사회로 전환할 수 있느냐, 없느냐를 정하는 갈림길이었다고 할 수 있다.

그런데 지진 발생 후 25년도 더 흘러, 내가 한신대지진 피해자들이 많이 사는 고베 지역의 아파트 단지를 방문했을 때 나는 깜짝 놀라고 말았다. 왜 그 장소[피해자들의 아파트] 바로 옆에 석탄화력발전소를 새로 건설했을까? 한신 지역의 공업지대로 고도 경제성장기에 심각한 대기오염 피해가 있던 지역에 왜 또다시 대기오염의 원인이 될 석탄화력

*** 저자 주. 安克昌, 2020, 《新增補版 心の傷を癒すということ 大災害と心のケア》, 作品社, 258쪽. [한국어판: 안 가쓰마사, 《마음의 상처를 치유하는 일》, 박소영 옮김, 후마니타스, 2023.]

발전소를 건설하는가? 더군다나 기후변화에 대책을 마련해야 할 시기에 대량의 이산화탄소를 배출하는 석탄화력발전소를 말이다. 고베뿐만이 아니다. 동일본대지진의 귀환곤란지역이나 올림픽을 이유로 그동안 살던 공영주택에서 쫓겨난 주민들, 고도 경제성장을 지탱해온 가마가사키의 노동자, 외국인 기능실습생, 원전 사고 후 후쿠시마를 보더라도 일본 전국에서 비슷한 일이 되풀이되고 있다. 우리가 아무것도 하지 않는다면, 팬데믹 후의 세계도 증오가 넘치는 '상처받은 이들을 버리는 사회'가 될 것이다.

　　연재할 때는 상세히 쓰지 못했지만 사실 미나마타시에서도 비슷한 사태가 현재진행형으로 일어나고 있다. 미나마타 일대 산간 지역에 도쿄의 3개 사업자가 풍력발전기기(26만 킬로와트)를 건설할 계획이 있는데, 주민들이 반대 목소리를 내고 있다. 숲을 깎아내고 풍력발전기를 세우면 지하수에도 문제가 생겨 어업과 농업 등에 광범위한 영향을 끼칠 수 있다. 왜냐하면 미나마타시의 수원은 전부 시내의 산에 있어서, 숲이 개울을 키워 물줄기가 미나마타강으로 모이고 미나마타만으로 흘러가기 때문이다. 영양분이 풍부한 숲에서 온 해저용수가 풍요로운 바다를 만들어낸다. 용수가 망가지면 지금까지의 필사적인 노력은 물거품이 된다.

　　또 '기후변화 대책'이라는 명목하에 재생에너지가 이권

다툼의 먹잇감이 되어, 미나마타 사람들은 찬성파와 반대파로 나뉠 것이다. 약자의 삶을 좌지우지할 기괴한 구조를 등한시한다면 SDGs도, 환경보전도 기만이라 할 것이다. 생명과 자연을 소중히 여기며 유기농 재배에 힘써온 사람들이 재생에너지를 반대해야 하는 슬픈 구조를 바꾸지 않는다면, 탈탄소화는 그림의 떡에 불과하다.

처음부터 다시 배우다

그래서 나는 이런 상황을 바꾸고, '상처받은 사람이 마음을 치유할 수 있는 사회'를 만들기 위해 뭔가 해야겠다고 생각했다.

그런데 여기서 근본적인 문제는 현재의 경쟁사회에서 성공한, 나를 포함해 대다수의 특권층은 상처받은 타인의 입장을 상상하는 공감과 배려의 정신이 근본적으로 결여되어 있다는 사실이다. 이 '상상력 결핍증'을 사토 지야코佐藤千矢子*는 '아저씨'의 병리라고 비판한다.

---

*   1965~ . 일본 최초로 전국지 신문 정치부 부장이 된 여성 저널리스트. 《마이니치신문》 논설위원. 저서 《아저씨의 벽オッサンの壁》에서 취재

남성 우위가 디폴트(미리 설정된 표준 상태)인 사회에서 의식적이든 무의식적이든 그런 사회의 현상 유지를 바란 나머지, 상상력 결핍증에 빠져 있다. 그런 상태나 사람들을 나는 '아저씨'라고 부르고 싶다.[*]

아픈 곳을 건드린 듯하다. 지금의 시스템이 교착 상태에 있다면, 그 해결책은 특권층 외부에서 찾아야 한다는 것이다. 그것은 남성, 도쿄 출신, 고학력의 도쿄대 준교수로서 '디폴트'부터 많은 혜택을 받은 나에게서 나오는 것도 아니고, 마르크스를 읽는 것만으로도 나오지 않는다. 지금 배우지 않는다면, 마르크스를 읽으며 사회를 비판했다고 착각하는 사이에 나 자신도 점점 '아저씨'가 될 것이다. 상상력 결핍증은 순식간에 불치병이 될 것이다.

새로운 '커먼'의 가능성을 발견하기 위해서는 지금이야말로 의식적으로 다시 배워야 한다. 포스트 식민주의 연구자 스피박Gayatri Chakravorty Spivak[**]의 유명한 말을 빌리자면,

---

대상으로 정관계 등에서 일하는 남성들을 만나면서 느낀 바를 서술했는데, 이 책에서 '아저씨'는 단순히 중년남성이 아니라 남성 우위 사회에 안주하는 남성들을 가리킨다.-옮긴이

[*] 저자 주. 佐藤千矢子, 2022,《オッサンの壁》, 講談社現代新書, 13쪽.

[**] 1942년 인도 출생의 대표적 탈식민주의 이론가로 컬럼비아대학 영

이는 지금까지의 특권성을 '언런unlearn'(버리고 다시 배우기), 즉 다른 관점으로 처음부터 새롭게 배워야 하는 것이다.***

'언런'의 일환으로 내가 참고한 홈페이지가 있다. 바로 'NHK 지역 만들기 아카이브'****다. 이 영상 아카이브에는 일본 전국 각지의 독특한 시도가 정리되어 있다. 그중에서도 강한 인상을 받은 것은 미나마타와 관련된 것이었는데, [3장 〈지금도 진행형, 미나마타병 문제〉에 등장하는 스기모토 하지메 씨의 어머니] 스기모토 에이코杉本栄子 씨의 영상이었다. 미나마

문학과 교수 등을 역임했다. 마르크스주의, 페미니즘, 탈식민주의, 문화론을 가로질러 새로운 패러다임을 만들어내고자 시도하며, 가난한 제3세계 여성을 포함해 '사회이동이 단절된 사람들'인 서발턴 Subaltern(하위주체)의 목소리를 어떻게 들을 수 있는지 그 방안을 모색했다. 《서발턴은 말할 수 있는가?》는 영국의 식민지였던 19세기 인도에서 남편이 죽으면 순장을 강요당했던 여성의 의례 '사티'를 소재로 한 논문으로, '언런'은 스피박의 논의에서 핵심적인 용어이다. 옥스퍼드 사전을 보면 'unlearn'은 '기억으로부터 나쁜 습관이나 잘못, 시대에 뒤진 정보를 폐기하는 것'인데, 스피박의 여러 저서를 번역한 국내 영문학자 태혜숙은 '깨닫고 벗어난다' '배움을 위해 잊는다'로 번역한 바 있다. 참고로 스피박은 "배움은 특권을 상실하는 과정"이라고도 했다.–옮긴이

*** 저자주. G.C. スピヴァク, 1998, 《サバルタンは語ることができるか》, みすず書房. [한국어판: 가야트리 차크라보르티 스피박, 《서발턴은 말할 수 있는가?》, 태혜숙 옮김, 그린비, 2013.]

**** https://www.nhk.or.jp/chiiki.–옮긴이

타병에 대해 잘 몰랐던 나는 큰 충격을 받았다.

안타깝게도 에이코 씨는 이미 세상을 떠나셨지만, 미나마타시의 전 직원인 요시모토 데쓰로 씨의 안내로 에이코 씨의 뜻을 이어온 현장을 방문할 수 있었다. 공해로 인해 지역이 나뉘고, 인간을 포함한 모든 생명이 희생된 땅에서 생명을 지키기 위한 노력이 시작되고 있었다. 다양한 당사자/지원자, 피해자/가해자, 시민/국민의 복잡한 관계가 교차하는 가운데, 에이코 씨의 유족과 요시모토 씨가 새로운 미나마타의 매력을 전하려는 모습에서, 내가 알고 있는 사회운동과는 스케일이 다른 강인함을 엿볼 수 있었다.

부락해방동맹의 젊은 멤버들과 교류할 때도 비슷한 경험을 했다. 이른바 피차별부락은 전통적으로 차별받아왔고, 안타깝게도 현재도 그 차별은 계속되고 있다. 그들 안에 차별에 대한 분노가 틀림없이 존재하지만, 그 분노를 단순히 부정적인 감정으로만 남겨두지 않고 차별 속에서 반쯤은 강제로 길러진 상호부조에 기반한 자신들의 커뮤니티의 힘을 활용하고 있었다. 인근 지역에서 누구에게나 열린 광장 '시바라쿠'와 같은 새로운 시도를 시작하는 모습은, SNS에서 '비판'이라는 명목으로 낙인찍기와 비방 중상만 늘어놓을 뿐인 우리가 배워야 할 게 아닐까? 실제로 사회의 다수가 효율성이 떨어지거나 귀찮다는 이유로 여러 가지를 차례로 내

버린 결과, 사회 기반은 엉망이 되어버렸다. 이런 상황인데도, 그들은 서로를 돌보고 지지하는 방법을 버린 우리가 지금 가장 필요로 하는 구체적인 실천을 하고 있는 것이다.

사회의 위기 앞에서 '커먼'의 실천 영역을 개척하는 것은 본래 리버럴이나 좌파의 중요한 역할이라고 나는 생각한다. 그러나 요시모토 씨의 말["아직 없는 것을 바라기보다는 있는 것을 찾으라"]을 빌리자면, 사실 우리는 "있는 것 찾기"를 해야 하는데도, 언제까지나 "없는 것 바라기"를 멈추지 않고 있는데, 그건 인구 과소화로 힘든 지방뿐만이 아니다. 유럽이나 미국만 보고 있는 나를 포함한 좌파에게도 해당하는 문제가 아닌가? 기본소득, 리플레이션reflation, MMT(Modern Monetary Theory, 현대통화이론) 등 해외의 유행을 좇다가 금방 잊고, 또 새로운 최첨단 이론에 뛰어드는 일을 반복한다.

연구자의 폭력성

수많은 현장의 꾸준한 노력 앞에서 통감한 것은 연구자로서의 나의 폭력성이었다. 이것은 내가 관여해온 빈곤 지원운동에서도 당사자와 지원자/연구자의 관계로 끊임없이 문제시된 오래된 성격의 것이지만, 미나마타병과 피차별부락에 대해 쓰면서 이 모순에 다시금 직면했다.

연구자인 나는 당사자·피해자가 아니다. 물론 현장에 가면 나는 당사자의 목소리를 진지하게 듣는다. 취재할 때 무례하지 않도록 예습도 한다. 하지만 내가 한정된 시간에 당사자의 고통을 전부 이해하지는 못하며, 그것을 기사로 쓸 때도 그들의 말을 그대로 전달하지는 않는다. 앞서 썼듯 어디까지나 개인적인 문제의식을 바탕으로 한 가지 입장에서 '대변'하는 셈이다. 그러니까 취재를 허락해준 분들 가운데는 기사를 읽었을 때 의도치 않게 '이용당했다' '왜곡됐다' 고 느낀 분도 있었을지 모른다. 아니, 캄보디아나 베트남 외국인노동자와 미얀마인 시위 참가자들은 내가 쓴 기사를 읽지 못하고, 제멋대로 이미지가 구축되어 있을 가능성조차 알아차리지 못할 수도 있다.

더군다나 공해든, 부락차별이든, LGBTQ든 간에 당사자가 쓴 저작도 있고, 오랜 시간에 걸쳐 쓴 선행연구도 많다.* 위험을 무릅쓰고 목소리를 내는 사람들도 있다. 실제로

---

* 저자 주. 최근에는 본문에서 언급한 이시하라 마이의 《'침묵'의 자전적 민족지》(2020, 北海道大学出版会)와 미키 나유타三木那由他의 《말의 전망대言葉の展望台》(2022, 講談社) 등과 같이, 일본에서도 자전적으로 연구자와 당사자의 문제를 연결한 논의가 늘고 있다. 그중에서도 고마쓰바라 오리카小松原織香의 《당사자는 거짓말을 한다当事者は嘘

미얀마 쿠데타를 취재할 때 도움을 주었던 기타즈미 유키 씨는 내가 취재한 후 거주하던 미얀마에서 체포되었고, 이후 추방당했다. 목숨을 걸고 싸우는 사람들이 있는 가운데, 새삼스레 신문 연재와 같이 연구보다 시간과 분량이 현저히 제한된 상황에서 하루 이틀 현장을 방문한 정도로 대단한 것처럼 아는 척하는 건 본래 아무것도 아니다. 그런데도 나는 계속 글을 써왔다. 그리고 그것은 역시 필요한 일이라고 지금도 생각한다.

물론 세심한 주의가 필요하다. 사회문제에 관심이 있는 젊은이들과 대화하면서, 그들을 이해하는 척하는 데 소수자를 이용하는 일은 절대 있어서는 안 된다. 하지만 그렇게 될 리스크가 전혀 없지는 않다. 사실 과거 여러 사회운동에서 연구자, 변호사, 활동가 등이 해결사 행세를 하며, 지원자와 당사자 사이에 불평등한 관계를 맺으며 활동하지 않았던가? 그러한 구태의연한 방식이 최근 문제가 된 사회운동 내

をつく》(2022, 筑摩書房)는 당사자와 연구자의 '착취' 문제를 미나마타와의 관계에서 직접적으로 논하고 있다. 고마쓰바라 씨는 나보다 훨씬 미나마타 문제에 정통한 분으로, 본문에서 거론한 요시모토 데쓰로 씨, 스기모토 하지메 씨, 오가타 마사토 씨도 고마쓰바라 씨의 저서에 등장하여 비슷한 경험[당사자와 연구자의 '착취' 문제]을 공유하고 있는데, 그 내용에 공감하며 이 글을 쓰는 데도 참고가 되었다.

부의 권력형 괴롭힘이나 성희롱 문제로도 이어졌다는 사실은 부정하기 어렵다.

그렇다면 연구자의 자세란 어떠한 것이어야 할까? 좀 더 일반적으로 말해, 당사자가 아닌 다수는 어떻게 현장에 참여해야 할 것인가? 나 역시 명확한 답이 있는 건 아닌데, 그런 고민을 하던 차에 연재 마지막 회에서 고마쓰 리켄 씨를 만나 답을 얻었다. 다름 아닌 그가 제안한 '공사자共事者' 개념이었다.

고마쓰 씨는 당사자란 누구인지 묻는다. 지원자의 방식은 종종 문제를 안고 있을 수 있다. 그런데 지금까지의 지원 방식을 반성한다는 것은, 진짜 당사자를 찾아 그들의 의견을 절대시하고, 존중해야 한다는 것일까? 그것은 당사자·비당사자라는 선 긋기로 분단을 낳는 것에만 그치지 않는다. 결국 '진정한 당사자'로 누구를 우선할지 결정하는 과정에서 다시금 연구자나 지원자의 권력관계가 개입된다. 자신에게 유리한 '진정한 당사자'의 주장을 찾아 다른 사람들을 침묵하게끔 하는 일이 일반화될 것이다. 그렇게 되면 '당사자' 도 이용당할 뿐이다. 게다가 자신의 정의에 집착하여 거기에 맞지 않는 것을 규탄하는 것과 같은 운동은 공감도 얻지 못한 채 자기만족으로 끝난다.

결과적으로 '진정한 당사자'로 이야기를 한정하는 것은

많은 사람에게 '나는 말할 자격이 없다'고 목소리를 내기는 커녕, 생각할 능력조차 빼앗게 된다. 그 끝에 기다리고 있는 것은 무관심과 망각이다. 이렇게 되면 사회문제는 전혀 개선되지 않는다. '나는 당사자가 아니니 발언을 삼가야지' 하는 태도는 언뜻 보면 소수자를 배려하는 것 같지만, 이는 단순히 다수의 사고 포기에 불과하다. 그것은 생각하지 않아도 되는 다수의 안일함이자 특권이다. 이런 다양성으로는 차별도 사라지지 않는다.

게다가 실제로는 누구나 많든 적든 후쿠시마 원전 사고와 관련성이 있다. 그 정도 사고 규모였으니 당연한 일일 것이다. 물론 사고에 관련된 방식과 책임의 정도는 사람마다 다르다. 그런데도 누구나 가해자이면서 피해자이기도 하다. 그것이 바로 '공사자성'이다.

따라서 한 가지 문제나 정의에 집착해 다른 문제나 자신의 가해성에 눈을 감는다면, 그것은 공사자라는 관점에서는 불충분하다. 오히려 공사자성은 다양한 문제와 교차성 intersectionality을 발견하고, 다양한 차이와 모순을 넘어 사회변혁의 큰 힘으로 결집하기 위한 실천적 태도다. '너한테는 눈앞에 벌어지는 문제가 보이지 않는다'라며 서로 비난하지 않고, 더 큰 시스템이라는 관점에서 생활, 생명, 지구를 위해 모두 연대하는 것. 이 발상은 "짓소는 나였다"라고 말한 오가타 마사토 씨의 '용서'와 닮았다.

공사자가 되면 우리 자신의 고통도 함께 끌어올릴 수 있게 된다. 이는 [아이누·선주민연구센터의] 이시하라 마이 씨가 자신의 경험을 통해 이야기했듯, 지금까지의 '적/아군', '피해자/가해자'와 같은 단순한 이원론적 서사 속에서 배제되고 억압된 목소리를 들을 수 있기 위한 한 걸음이다.*

일본은 여전히 '침묵하는 사회'이고 목소리를 내기가 어렵다. 매일 일과 육아, 돌봄에 몹시 바빠 그런 목소리를 낼 여유도 없는 이들이 많다. 또 SNS에서 비난 등을 당하고 목소리 내기를 주저하는 사람도 많다. 그렇기에 나도 한 사람의 '공사자'로서 목소리를 내고 싶다. 다른 사람들이 목소리를 내기 쉽게 하기 위해서다. 그런 일이 사회운동이나 주민투표 등 '커먼'의 관리를 친근하게 느끼게 하고, 시스템 전환에 찬성하는 사람들이 늘어나는 계기가 되었으면 한다.

물론 그래도 연구자로서 나의 '이야기'에는 틀림없이 비판받을 점이 여럿 있을 것이다. 하지만 비판을 당할 리스크가 있다고 해서 생각을 멈추는 것은 정당화될 수 없다. 생각을 멈춰도 신경 쓰지 않고 상처받지 않으며 살아갈 수 있

---

* 저자 주. 石原真衣, 2022,《記号化される先住民/女性/子ども》, 青土社, 169쪽.

는 것은 다수자가 누리는 특권이기 때문이다.** 변해야 하는 것은 어디까지나 사회다.

바뀌는 것이 괴로운가? 처음에는 그럴 수도 있다. 불안한 마음이 들 것이다. 나 또한, 예를 들어 페미니즘 문제로 나의 남성성이 비판받을 때 움츠러들고, 가슴이 죄는 듯 약간 우울한 기분이 든다. 하지만 처음부터 완벽한 인간은 없기에 실수는 어쩔 수 없다. 중요한 것은 잘못을 인정하고 배우는 것이다. 그것을 회피하고서 동질적인 옳음의 세계에 갇혀 있으면, 마음을 닫게 되고 배타적인 태도로 흐르게 된다. 그런 쪽이 더 안 좋다.

내 안에 갇히지 않고 타자를 만나는 것이 '상상력 결핍증'을 고치는 방법이다. 그래서 우리는 현장으로 가야 한다. 현장에서 타인을 만나고, 자신의 문제를 마주하여 '언런'으로 새로운 사람들과 관계를 형성하고 새로운 가치관을 만들어낼 수 있다. 이러한 작은 변화가 모여 모두가 좀 더 살기 좋은 사회를 만드는 데 연결된다. 이는 멋진 일이며, 실제로 해보면 즐거운 순간도 많다. 그렇다면 하지 않을 이유가 없다.

이렇게 글을 써서 독자의 신뢰를 얼마나 얻을 수 있을

** 저자 주. ケイン樹里安·上原健太郎, 2019,《ふれる社会学》, 北樹出版, 15장 참조.

지 모르겠다. 신뢰관계를 쌓는 것이 얼마나 어려운 작업인지 지난 2년간 통감했다. 그렇기에 앞으로도 버리고 다시 배우고, 계속 배우고 싶다. 일본의 미래를 독자 여러분과 함께 만들어나가기 위해.

원출처 날짜 일람

(아래 날짜는 《마이니치신문》 도쿄 조간 게재일.
본문 속 날짜와 정보는 취재 당시 기준.)

나는 넘어지고, 싸우고, 울었다

초판 1쇄 펴낸날 2025년 5월 19일

지은이 사이토 고헤이
옮긴이 조승미
펴낸이 박재영
편집 임세현·이다연
마케팅 신연경
디자인 조하늘
제작 제이오
펴낸곳 도서출판 오월의봄
주소 경기도 파주시 회동길 513 203호
등록 제406-2010-000111호
전화 070-7704-5018
팩스 0505-300-0518
이메일 maybook05@naver.com
X(트위터) @oohbom
블로그 blog.naver.com/maybook05
페이스북 facebook.com/maybook05
인스타그램 instagram.com/maybooks_05

ISBN 979-11-6873-143-1 03300

만든 사람들
책임편집 박재영
디자인 조하늘

＊ 이 책은 한국연구재단(NRF2021S1A3A2A02096299)의 지원을 받아
그 성과로 간행된 것이다.